**JANGAN TAKUT GAGAL**
karena yang tidak pernah ga-
gal hanyalah orang-orang yang
tidak pernah melangkah.

**Buya Hamka**

실패를 두려워하지 말라.
실패한 적이 없는 사람은 발걸음을
시작한 적이 없는 사람일 뿐이다.

부야 함까

단단한 언어 성장의 힘, 언어평등 인도네시아어 초중급

이 책은 인도네시아어 기초를 공부한 학습자를 위한 책입니다.
처음 시작하는 언어 공부의 마음가짐에 있어 시작은 반이나
되지만, 언어 실력은 단지 시작에 불과합니다. 고작 새로운
세계의 문을 열고 한 걸음 정도 들어간 셈입니다. 거기서
멈추지 말고 변화된 당신의 삶을 위해 계속 나아가세요.
부디 이 책을 끝까지 읽고, 쓰고, 듣고, 말하고 따라하고
연습하고 또다시 그 일을 반복하세요.
처음 그 마음가짐으로 결코 포기하지 마세요.
단언컨대, 하나의 언어를 나의 언어로 만드는 과정은
쉽지 않습니다.
그러나 당신이 진정으로 계속 나아간다면, '단단히 쌓인
언어성장'의 여정 끝 즈음 온전한 언어의 삶 속에서
살아가고 있을 겁니다.

## 모든 언어는 평등하다

지구상의 모든 언어는
인류 공동체 문명 발전의 발자취입니다.
힘이 센 나라의 언어라 해서 더 좋거나 더 중요한 언어가 아닌 것처럼,
많은 사람들이 쓰지 않는 언어라 해서 덜 좋거나 덜 중요한 언어는 아닙니다.

문화 다양성에 따른 언어 다양성은 인류가 서로 견제하고
긍정적인 자극을 주고받으며 소통, 발전할 수 있는 계기가 됩니다.
그러나 안타깝게도 현재 일부 언어가 '국제어'라는 이름 아래
전 세계 사람들에게 강요되고 있습니다.

언어평등의 꿈은 전 세계 모든 언어를 학습할 수 있는 어학 콘텐츠를
개발하는 것입니다. 어떠한 언어에도 우위를 주지 않고, 다양한 언어의 고유
가치를 지켜나가겠습니다. 누구나 배우고 싶은 언어를 자유롭게 선택해서
배울 수 있도록 더욱 정진하겠습니다.

---

언어평등은 문예림의 아날로그와 디지털을 아우르는
어학 콘텐츠 브랜드입니다.
59년째 언어 생각뿐.

# 언어평등이
## 만드는 책

### 편집, 디자인 원칙

분명하고 명확하게 잘 정리된 구성과 적정한 수준, 내용의 정확성을
최우선으로 공부 흐름에 맞도록 편집하며, 최적의 언어 공부를 위하여
판독성과 가독성이 좋은 타이포그라피, 단순함과 절제가 최고의
디자인이며, 불필요한 삽화와 사진, 의미 없는 컬러 사용, 이유 없는
배치 등을 하지 않는다.

### 제작 원칙

종이는 뒷비침이 없어 문자를 읽고 쓰기 좋으며, 코팅을 하지 않아 눈부심이
없어 보기 편하도록 한다. 또한, 따뜻한 느낌이 있어 손으로 짚기 좋고,
어디서든 볼 수 있도록 최대한 가벼운 책, 더 나은 대안으로 재생종이를
사용한다.

우리는 인간의 언어 공부를 위한 지식을 편집하고 배포하는 책의 본질에
집중한다. 책을 통해 누구나 자유롭게 언어를 선택하고 서로 소통하는 데
우리의 결과물이 널리 사용되도록 노력하며, 외관상 으리으리하고 화려한
책이 아니라 정말 잘 만든 평범한 책이 우리가 만드는 책이다.

## 동영상 강의
## 시청하기

언어평등(www.EQlangs.com)에서 구매하면
해당 도서의 강의를 보실 수 있습니다.
저자가 알려주는 언어 이야기도 보실 수 있습니다.


## MP3 다운로드 방법

### 1단계
언어평등(www.EQlangs.com) 사이트
고객센터 - 자료실 - MP3 들어오기

### 2단계
제목_____에 찾고자 하는
도서명을 입력 후 검색하세요.

**www.EQlangs.com**

단단한 언어 성장
인도네시아어 초중급

# 단단한 언어 성장

## 인도네시아어 초중급

Pertumbuhan bahasa yang solid, Bahasa Indonesia Dasar-Menengah

이승혜 지음

언어평등

**초판 1쇄 인쇄** 2021년 7월 15일
**초판 1쇄 발행** 2021년 7월 22일

**지은이** 이승혜
**펴낸이** 서덕일
**펴낸곳** 언어평등

**기획** 서민우  **편집진행 및 교정** 조소영  **본문 디자인** 문인주
**표지 디자인** 박정호(TIDM)  **부속 디자인** 이유정  **오디오 녹음** 이니스닷컴
**동영상 촬영** 이큐스튜디오  **출력 및 인쇄** 천일문화사  **제본** 대흥제책

**출판등록** 2018.6.5 (제2018-63호)
**주소** 경기도 파주시 회동길 366 3층 (10881)
**전화** (02) 499-1281~2  **팩스** (02) 499-1283
**전자우편** eqlangs@moonyelim.com
**홈페이지** www.EQlangs.com

**ISBN** 979-11-970617-3-8(03730)
**값** 17,000원

세계 언어와 문화, **문예림**
**언어평등** 〈모든 언어는 평등하다〉 디지털과 아날로그 아우르는 어학 콘텐츠
**오르비타** 〈위대한 작은 첫걸음〉 성인 어학 입문, 파닉스(영유아, 어린이 어학교재)
**심포지아** 〈세상에 대한 담론과 항연〉 나라와 도시 여행, 역사, 문화 등
**파쿨라** 〈지성을 밝히는 횃불〉 어문학, 언어학 학술도서

세계 4위의 인구 대국인 인도네시아는 더 이상 우리에게 낯설거나 생소한 국가가 아닙니다. 이미 많은 한국 기업들이 인도네시아에 진출해 있으며 발리, 롬복과 같은 인도네시아의 여러 섬들은 한국 여행객들이 즐겨 찾는 관광지 중 한 곳이기도 합니다. 이러한 인도네시아에서 사용하는 표준어는 바로 인도네시아어(Bahasa Indonesia)입니다. 인도네시아어는 알파벳 문자를 사용하며, 성조와 조사가 없는 특징을 가지고 있습니다.

〈단단한 언어성장, 인도네시아어 초중급〉은 초급 단계를 지나 중급 단계로 올라온 학습자들을 위한 교재입니다. 중급 단계에서 반드시 숙지해야 하는 문법과 회화, 표현을 학습할 수 있도록 매우 자세하게 설명하였습니다. 총 15개의 과로 이루어져 있으며, 먼저 대화 연습을 통해 일상생활에서 사용할 수 있는 표현과 어휘를 학습하고, 이어서 인도네시아어 학습에 있어서 반드시 숙지해야 하는 문법과 이에 따른 표현을 다루고 있습니다. 인도네시아어의 문법은 복잡하지는 않지만 정확한 인도네시아어 문장을 만들기 위해 사용해야만 하는 문법들이 있기 때문에, 이러한 문법을 설명하고 있습니다. 읽기 부분에서는 중급 단계에서 연습해야 하는 문어체를 사용한 텍스트를 읽고 이해하는 연습을 하며, 어휘 부분에서는 해당 주제와 관련된 주요 단어를 다루고 있습니다. 마지막으로 연습, 말하기, 듣기, 쓰기 연습을 통해 학습자가 각 과의 핵심 문법과 표현을 완벽하게 숙지할 수 있도록 구성했습니다.

그동안 대학교와 많은 기업체에서 인도네시아어를 강의하면서 느낀, 인도네시아어 학습자들이 반드시 알아야 할 중요한 핵심 포인트를 중심으로 본 교재를 집필하였습니다. 학습자들에게 유용한 나침반이 되는 교재가 되기를 희망합니다.
끝으로 교재가 출판되는 데 많은 도움을 주신 문예림 출판사와 감수를 해주신 실비아 선생님께 감사드립니다.

저자 **이승혜**

# Contents

**Pelajaran**

# 01

# Berapa Harga Itu?

그것의 가격은 얼마입니까?

핵심
문법
표현

**1** Berapa harga itu?
그것의 가격은 얼마입니까?

**2** Kapan Anda akan datang?
언제 당신은 올 예정입니까?

**3** Anda tinggal di mana?
당신은 어디에 삽니까?

**4** Anda suka yang mana?
당신은 어느 것을 좋아합니까?

# Percakapan

🎧 1-1

| | |
|---|---|
| Alisa: | Ada yang bisa saya bantu? |
| Ju Won: | Ya, saya ingin melihat-lihat pulpen. |
| Alisa: | Pulpen di sini bagus-bagus. |
| Ju Won: | Berapa harga pena Parker ini? |
| Alisa: | Ini Rp 150.000,00 Pak. |
| Ju Won: | Baik. |

| | |
|---|---|
| 알리사: | 무엇을 도와드릴까요? |
| 주원: | 네, 저는 만년필을 보고 싶어요. |
| 알리사: | 여기 만년필은 매우 좋습니다. |
| 주원: | 이 파카펜은 얼마인가요? |
| 알리사: | 150,000루피아입니다. |
| 주원: | 좋아요. |

## KOSAKATA BARU

**ada** 있다

**yang** ~한 것(관계대명사)

**bantu** 돕다

**ingin** 원하다, 하고 싶다

**melihat-lihat** 보다, 구경하다

**pulpen** 만년필

**harga** 가격

**pena** 펜

**selesai** 끝나다

**bekerja** 일, 일하다

**umur** 나이

**mencari** 찾다

**tahu** 알다

**atau** 혹은, 또는

**berteman** 친구로 지내다

**adalah** ~이다

**sekampus** 같은 캠퍼스

**berbeda** 다르다

**menikah** 결혼하다

**mempunyai** 가지다, 소유하다

**suami** 남편

**untuk** ~을 위하여

**berjalan-jalan** 여행하다, 산책하다

**pendapat** 의견

**guru** 선생님

**pulang** 귀가하다, 돌아가다

**bawa** 가져오다

**buah** 과일, 개(수량사)

## 의문사

인도네시아어의 의문사는 단일형식으로 쓰이는 경우인 기본의문사와, mana와 함께 복합형식으로 쓰이는 경우인 복합의문사로 구성됩니다. 피동문과 강조에 따라 문장의 앞 혹은 뒤에 위치하게 됩니다. 이때 인도네시아어의 문장구조인 주어 + 서술어 + 목적어 구조는 항상 지켜져야 합니다. 평서문에서 의문문으로 바뀌어도 그 위치는 변하지 않습니다.

## 1 기본의문사

### apa  무엇

Apa ini? 이것은 무엇입니까?
　　　이것(지시대명사)

Apa barang itu? 저 물건은 무엇입니까?
　　　물건 + 저것(수식 표현으로 인한 자리 변환)

### siapa  누구, 무엇

Siapa dia? 그는 누구입니까?
　　　그는(주어)

Siapa nama Anda? 당신의 이름은 무엇입니까?
　　　이름 + 당신의(소유격 표현으로 인한 자리 변환)

### kapan  언제

Kapan Anda akan datang? 언제 당신은 올 예정입니까?
　　　당신은 + ~할 예정이다 + 오다
　　　(주어)　　(조동사)　　(서술어)

Kapan kita makan? 언제 우리는 식사합니까?
　　　우리는 + 식사하다
　　　(주어)　　(서술어)

# Tata Bahasa

언어는 본능이 아니다.

### mengapa(= kenapa)  왜

Mengapa mereka pergi? 왜 그들은 갔습니까?
　　　　그들은　+　가다
　　　　(주어)　　(서술어)

Kenapa Anda terlambat? 왜 당신은 늦었습니까?
　　　당신은　+　늦다
　　　(주어)　　(서술어)

### berapa  몇, 얼마

Berapa harga ini? 이것의 가격은 얼마입니까?
　　　가격 + 이것의(소유격 표현으로 인한 자리 변환)

Berapa umur Anda? 당신의 나이는 몇 살입니까?
　　　나이 + 당신의(소유격 표현으로 인한 자리 변환)

### bagaimana  어떻게, 어떻습니까

Bagaimana kabar bapak Deni? 데니 씨의 소식은 어떻습니까?
　　　　소식 + 데니 씨의(소유격 표현으로 인한 자리 변환)

Bagaimana pendapat Anda? 당신의 의견은 어떻습니까?
　　　　의견 + 당신의(소유격 표현으로 인한 자리 변환)

### apakah  예/아니오 의문문, ~인지 아닌지

Apakah Anda orang Korea? 당신은 한국 사람입니까?
　　　당신은 + 한국 사람
　　　(주어)　　(보어)

Saya  tidak  tahu  apakah  dia  sudah datang  atau  belum.
저는 + ~아니다 + 알다 + ~인지 아닌지 + 그가 + 왔다 + 혹은 + ~아니다
(주어) (부정어) (서술어) (의문사) (주어) (서술어) (접속사) (부정어)

저는 그가 왔는지 혹은 안 왔는지 모릅니다.

## 2 복합의문사

### di mana ～어디에

<u>Anda tinggal</u> di mana? 당신은 어디에 삽니까?
당신은 + 살다
(주어) (서술어)

Di mana <u>Anda makan siang</u>? 당신은 어디에서 점심을 먹습니까?
　　　　당신 + 먹다 + 점심을
　　　　(주어) (서술어) (목적어)

### ke mana ～어디로

<u>Anda pergi</u> ke mana? 당신은 어디로 갑니까?
당신은 + 가다
(주어) (서술어)

Ke mana <u>ibu Yani pergi</u>? 야니 씨는 어디로 갑니까?
　　　　야니 씨는 + 가다
　　　　(주어) (서술어)

### dari mana ～어디로부터

<u>Anda datang</u> dari mana? 당신은 어디로부터 왔습니까?
당신은 + 오다
(주어) (서술어)

Dari mana <u>Anda membawa ini</u>? 당신은 이것을 어디로부터 가져왔습니까?
　　　　당신은 + 가져오다 + 이것을
　　　　(주어) (서술어) (목적어)

### yang mana 어느, 어느 것

<u>Anda suka</u> yang mana? 당신은 어느 것을 좋아합니까?
당신은 + 좋아하다
(주어) (서술어)

<u>Anda mau kue</u> yang mana? 당신은 어느 케이크를 원합니까?
당신은 + 원하다 + 케이크를
(주어) (조동사) (목적어)

# Bacaan

언어는 질서 속에 짜여진 무늬이다.

🎧 1-2

## Teman

Ibu Yuli dan Ibu Yola berteman. Ibu Yuli adalah orang Korea dan ibu Yola adalah orang Indonesia. Mereka teman sekampus tetapi jurusan mereka berbeda. Jurusan Ibu Yuli adalah bahasa Indonesia dan jurusan ibu Yola adalah Biologi. Mereka sudah 4 tahun berteman. Ibu Yola sudah menikah jadi sudah mempunyai suami. Ibu Yola akan datang di Korea untuk bertemu ibu Yuli.

Sekarang ibu Yuli tinggal di Seoul. Dia tinggal dengan orang tua. Dia belum menikah. Dia akan pergi ke Jakarta untuk berjalan-jalan.

## 친구

율리 씨와 욜라 씨는 친구입니다. 율리 씨는 한국 사람이고 욜라 씨는 인도네시아 사람입니다. 그들은 같은 캠퍼스 친구이지만 그들의 전공은 다릅니다. 율리 씨의 전공은 인도네시아어이고 욜라 씨의 전공은 생물학입니다. 그들은 친구로 지낸 지 4년이 되었습니다. 욜라 씨는 이미 결혼해서 남편이 있습니다. 욜라 씨는 율리 씨를 만나기 위해 한국에 올 예정입니다.

현재 율리 씨는 서울에 살고 있습니다. 그녀는 부모님과 거주합니다. 그녀는 아직 결혼하지 않았습니다. 그녀는 여행을 하기 위해 자카르타로 갈 예정입니다.

PERTANYAAN

**1** Apa jurusan Yola dan Yuli?

욜라와 율리의 전공은 무엇입니까?

_____

_____

**2** Mengapa Ibu Yola akan datang di Korea?

왜 욜라 씨는 한국에 올 예정입니까?

_____

_____

대화는 어휘력 싸움이다.

# Kosakata

## 맛 rasa

| | | |
|---|---|---|
| ☐ | asin | 짜다 |
| ☐ | asam | 시다 |
| ☐ | manis | 달다 |
| ☐ | pahit | 쓰다 |
| ☐ | pedas | 맵다 |
| ☐ | enak | 맛있다 |
| ☐ | gurih | 감칠맛 나다 |
| ☐ | hambar | 싱겁다 |
| ☐ | tawar | 아무 맛이 안 나다 |
| ☐ | sepat | 떫다 |

## 음료 minuman

| | | |
|---|---|---|
| ☐ | air | 물 |
| ☐ | air putih | 생수 |
| ☐ | susu | 우유 |
| ☐ | jus | 주스 |
| ☐ | bir | 맥주 |
| ☐ | kopi susu | 밀크커피 |
| ☐ | kopi hitam | 블랙커피 |
| ☐ | teh manis | 달콤한 차 |
| ☐ | teh tawar | 무미(無味)한 차 |

## 음식 makanan

| | | |
|---|---|---|
| ☐ | apel | 사과 |
| ☐ | roti | 빵 |
| ☐ | telur | 달걀 |
| ☐ | ikan | 생선 |
| ☐ | sosis | 소시지 |
| ☐ | jeruk | 귤 |
| ☐ | anggur | 포도 |
| ☐ | gula | 설탕 |
| ☐ | beras | 쌀 |
| ☐ | lada | 후추 |
| ☐ | sup | 국 |
| ☐ | cokelat | 초콜릿 |
| ☐ | bistik | 스테이크 |
| ☐ | permen | 사탕 |
| ☐ | mentega | 버터 |
| ☐ | keju | 치즈 |
| ☐ | daging | 고기 |
| ☐ | sayur | 야채 |
| ☐ | buah | 과일 |
| ☐ | selada | 샐러드 |
| ☐ | garam | 소금 |
| ☐ | krim | 크림 |
| ☐ | es krim | 아이스크림 |
| ☐ | tepung terigu | 밀가루 |
| ☐ | gorengan | 튀김 |
| ☐ | kue | 과자, 케이크 |
| ☐ | nasi | 밥 |
| ☐ | mi | 국수 |

# Latihan

**1** 다음 의문사를 사용하여 문장을 만들어 보세요.

❶ bagaimana

_____

❷ kapan

_____

❸ dari mana

_____

**2** 다음 빈칸에 알맞은 의문사를 넣어 문장을 완성해 보세요.

❶ _____ orang itu? 저 사람은 누구입니까?

❷ _____ barang ini? 이 물건은 무엇입니까?

❸ _____ Anda belajar bahasa Indonesia? 왜 당신은 인도네시아어를 공부합니까?

❹ Bapak Deden sedang pergi _____? 데덴 씨는 어디로 가고 있는 중입니까?

**3** 다음 제시된 의문사로 문장을 만들어 보세요.

❶ 그의 사무실은 어디에 있습니까? [di mana]

_____

❷ 당신의 이름은 무엇입니까? [siapa]

_____

❸ 당신은 어느 것을 원합니까? [yang mana]

_____

❹ 당신의 의견은 어떻습니까? [bagaimana]

_____

다음 상황을 읽고 알맞은 의문사를 넣어 빈칸을 채워 보세요.

**①**

> 남자가 여자의 옷가게에 와서 티셔츠를 가리키며 얼마인지 묻고 있다.

A: _____ harga itu?

B: Ini Rp 88.000,00.

**②**

> 남자가 여자에게 직업이 무엇인지 묻자, 여자는 인도네시아어 선생님이라고 대답한다.

A: _____ pekerjaan Anda?

B: Saya guru bahasa Indonesia.

**③**

> 여자가 남자에게 어디에 사는지 묻자, 남자는 반둥에 산다고 대답한다.

A: Anda tinggal _____?

B: Saya tinggal di Bandung.

**④**

> 여자가 남자에게 언제 귀가할 것인지 묻자, 남자는 9시에 귀가할 것이라고 대답한다.

A: _____ Anda akan pulang?

B: Saya akan pulang jam 9.

# Mendengar

경청은 지혜의 특권이다.

🎧 1-3

**1** Alisa와 Ju Won의 대화를 듣고 빈칸을 채운 뒤 큰 소리로 따라 읽어 보세요.

> Alisa: Ada yang _____ saya bantu?
>
> Ju Won: Ya, saya ingin _____ pulpen.
>
> Alisa: Pulpen di sini bagus-bagus.
>
> Ju Won: _____ harga pena Parker ini?
>
> Alisa: _____ Rp 150.000,00 Pak.
>
> Ju Won: Baik.

**2** 녹음을 듣고 빈칸을 채워 보세요.

❶ _____ orang itu?

❷ Anda mau makan _____ ?

❸ _____ orang yang bekerja di kantor Anda?

❹ Rumah Anda ada _____ ?

**1** 의문사를 사용하여 인도네시아어 문장을 해석하세요.

① Kenapa Anda suka restoran itu?

_____

② Berapa umur Anda?

_____

③ Kapan bapak Bambang pergi ke Seoul?

_____

④ Anda datang dari mana?

_____

⑤ Kapan Anda selesai bekerja?

_____


**2** 의문사를 사용하여 한국어 문장을 인도네시아어로 번역하세요.

① 당신은 어디에서 근무합니까?

_____

② 당신은 몇 명의 자녀가 있습니까?

_____

③ 그는 이 가방을 어디로부터 가져왔습니까?

_____

④ 왜 당신은 인도네시아어를 좋아합니까?

_____

⑤ 당신은 무슨 과일을 좋아합니까?

_____

## Pelajaran 02

# Saya Belum Bisa Berbahasa Indonesia

저는 아직 인도네시아어를 할 줄 모릅니다

핵심
문법
표현

**1**

Saya belum bisa berbahasa Indonesia.

저는 아직 인도네시아어를 할 줄 모릅니다

**2**

Saya bukan orang Indonesia.

저는 인도네시아 사람이 아닙니다

**3**

Saya mau pakai itu.

저는 저것을 사용하고 싶습니다

**4**

Dia sudah menikah.

그는 이미 결혼했습니다

🎧 2-1

| | |
|---|---|
| Alisa: | Apakah Anda bisa berbahasa Indonesia? |
| Ju Won: | Saya belum bisa berbahasa Indonesia. |
| Alisa: | Sudah berapa lama Anda belajar bahasa Indonesia? |
| Ju Won: | Hanya 1 bulan. |
| Alisa: | Tetapi Anda bisa mengerti bahasa Indonesia! |
| Ju Won: | Sedikit saja. |

| | |
|---|---|
| 알리사: | 당신은 인도네시아어를 할 수 있나요? |
| 주원: | 저는 아직 인도네시아어를 할 줄 모릅니다. |
| 알리사: | 당신은 얼마나 오랫동안 인도네시아어를 공부했나요? |
| 주원: | 1개월 했습니다. |
| 알리사: | 하지만 당신은 인도네시아어를 이해할 수 있네요! |
| 주원: | 조금요. |

### KOSAKATA BARU

**berbahasa** 언어를 구사하다

**lama** 오래, 오랫동안

**bulan** 달, 월

**tetapi** 그러나, 하지만

**mengerti** 이해하다

**sedikit** 조금

**saja** 단지, 오직

**duduk** 앉다

**obat** 약

**pakai** 사용하다

**pesan** 주문하다

**gula** 설탕

**kemarin** 어제

**kurang** 덜, 부족한

**tidur** 자다

**mengantuk** 졸리다

**segera** 신속히

**punya** 가지다, 소유하다

**janji** 약속

**memperpanjang** 연장하다

**visa** 비자

**lagi** 다시, 또

언어는 본능이 아니다.

## 조동사의 사용

조동사는 동사를 도와주는 역할을 하는 동사를 말하며, 주로 동사 앞에 위치합니다.

### bisa ～할 수 있다

Saya bisa berbahasa Indonesia.
저는 인도네시아어를 구사할 수 있습니다.

Dia bisa datang sekarang.
그는 지금 올 수 있습니다.

### dapat ～할 수 있다

Mereka dapat membeli tiket itu.
그들은 그 티켓을 구매할 수 있습니다.

Dia dapat menyetir mobil.
그는 차를 운전할 수 있습니다.

### boleh ～해도 되는

Boleh saya masuk?
제가 들어가도 되나요?

Anda boleh masuk.
당신은 들어와도 됩니다.

### harus ～해야 하는

Anda harus bekerja dengan rajin.
당신은 부지런하게 일해야만 합니다.

Saya harus pergi sekarang.
저는 지금 가야만 합니다.

### mau ～하고 싶은

Yani mau belajar bahasa Inggris.
야니는 영어를 공부하고 싶습니다.

Saya mau pakai itu.
저는 저것을 사용하고 싶습니다.

* 'Boleh saya~'는 '제가 ~해도 됩니까?'라는 의미로 질문할 때 많이 사용하는 표현입니다.

### perlu　～할 필요가 있는

Saya perlu istirahat.
저는 쉴 필요가 있습니다.

Saya perlu membeli obat untuk teman saya.
저는 제 친구를 위하여 약을 살 필요가 있습니다.

### usah　～할 필요가 있는

Dia tidak usah datang ke sini.
그는 여기로 올 필요가 없습니다.

Tidak usah khawatir.
걱정할 필요 없습니다.

> * 'usah'는 긍정으로 단독 사용할 수 없습니다. 즉, 부정어인 'tidak'과 결합하여 '~할 필요가 없다'라는 의미로 사용 가능합니다.

## 시제 조동사
### (과거 / 현재 / 미래)

인도네시아어는 시제에 따른 동사변형이 없습니다. 인도네시아어로 시제를 표현하고 싶은 경우, 각 시제를 나타내는 단어를 해당 문장에 넣어 사용하면 됩니다. 즉, 과거시제 문장을 표현하고 싶은 경우 과거시제 단어인 'sudah'를, 현재진행시제 문장을 표현하고 싶은 경우 현재진행시제 단어인 'sedang'을, 미래시제 문장을 표현하고 싶은 경우 미래시제 단어인 'akan'을 해당 문장에 넣으면 됩니다.

### sudah　이미 ～한

Dia sudah menikah.
그는 이미 결혼했습니다.

Saya sudah makan malam.
저는 이미 저녁을 먹었습니다.

### sedang　～하고 있는 중인

Saya sedang minum teh.
저는 차를 마시는 중입니다.

Ayah saya sedang pergi ke Jakarta.
제 아버지는 자카르타에 가고 있는 중입니다.

### akan  ～할 예정인

Mereka akan bertemu pada hari Sabtu ini.
그들은 이번 토요일에 만날 예정입니다.

Dia akan menulis surat.
그녀는 편지를 쓸 예정입니다.

## 부정관사의 사용

### tidak  아니다 (동사, 형용사 부정)

인도네시아어의 부정사 가운데 가장 많이 사용되는 부정관사인 'tidak'과 'bukan'은 '～아니다'라는 동일한 부정의미를 지니지만, 'bukan'은 '명사'를 부정하고 'tidak'은 그 나머지인 '동사'와 '형용사'를 부정합니다. 아래 예문과 같이, '좋아하지 않는다'의 경우 '좋아하다'라는 '동사'를 부정하는 'tidak'을 사용하여 'tidak suka'로 표현합니다.

Saya tidak suka.
저는 좋아하지 않습니다.

Dia tidak mau itu.
그녀는 그것을 원하지 않습니다.

### bukan  아니다 (명사 부정)

'당신은 인도네시아 사람입니까?(Anda orang Indonesia?)'라는 질문을 받았을 때 '아니요, 저는 인도네시아 사람이 아닙니다.'라는 부정어를 사용한 문장을 말하고 싶을 경우 반드시 사용해야 하는 부정관사는 'bukan'입니다. 'bukan'은 '～아니다'라는 부정의 의미로서 '명사'를 부정하는 역할을 하며, '부정하는 단어의 앞'에 위치합니다.

Saya bukan orang Indonesia.
저는 인도네시아 사람이 아닙니다.

Mereka bukan karyawan.
그들은 회사원이 아닙니다.

## belum  아직 ~하지 않다

'belum'은 '아직 ~하지 않은'이라는 의미의 부정관사입니다. '결혼하다'라는 동사인 'menikah'에 부정어 'tidak'을 사용해서 'tidak menikah'가 되면 '결혼을 하지 않는다/결혼을 안 한다'라는 '단순부정'이 되지만, 'belum'을 사용해서 'belum menikah'가 되면 '아직 결혼하지 않았다'라는 의미로 언젠가는 할 가능성이 있다는 의미가 됩니다.

Dia belum menikah.
그는 아직 결혼하지 않았습니다.

Mereka belum berangkat.
그들은 아직 출발하지 않았습니다.

## tanpa  ~없이

'tanpa'는 '~없이'라는 의미의 부정관사입니다. 주로 '명사'와 결합하여 '(명사) 없이'라는 의미로 사용합니다. 'belum'과 'tanpa'의 경우, 앞의 두 부정관사인 'tidak'과 'bukan'보다는 사용빈도가 적지만, 부정관사에 속하는 단어이므로 꼭 숙지하고 있어야 합니다.

Mereka masuk tanpa bayaran.
그들은 지불 없이(지불하지 않고) 들어갔습니다.

Saya mau minum kopi tanpa gula.
저는 설탕 없이 커피를 마시고 싶습니다.

# Bacaan

언어는 질서 속에 짜여진 무늬이다.

🎧 2-2

## Liburan

Keluarga saya dan saya pergi ke Yogyakarta untuk berlibur akhir minggu lalu. Ini adalah perjalanan kedua ke kota Yogyakarta. Ketika SMA, saya pernah ke Yogyakarta bersama dengan teman-teman. Kami tiba di Yogyakarta malam hari dan menginap di sebuah hotel. Dari hotel itu memakan waktu lima menit dengan berjalan kaki ke jalan Malioboro.

Hari pertama, kami pergi ke Jalan Malioboro. Jalan ini sangat terkenal. Kami melihat ada banyak souvenir khas Yogyakarta di sini. Kami semua membeli beberapa souvenir.

Di hari kedua, kami berkunjung ke Keraton Yogyakarta. Keraton ini adalah sebuah gedung bersejarah di Yogyakarta. Kami mengambil beberapa foto di sini. Kami juga mencoba beberapa makanan tradisional Yogyakarta.

Setelah dua hari berlibur, kami pulang ke rumah. Saya senang dengan liburan kali ini. Saya berharap kami akan pergi ke Yogyakarta lagi pada suatu hari nanti.

### 휴가

저의 가족과 저는 지난 주말에 휴가를 보내기 위해 족자카르타에 갔습니다. 이는 족자카르타 도시로 간 두 번째 여행입니다. 고등학교 때, 저는 친구들과 함께 족자카르타에 갔던 적이 있습니다. 저희는 저녁에 족자카르타에 도착하여 한 호텔에서 묵었습니다. 그 호텔에서 말리오보로 거리까지는 걸어서 5분이 걸렸습니다.

첫 번째 날, 저희는 말리오보로 거리에 갔습니다. 이 거리는 매우 유명합니다. 저희는 여기에서 족자카르타 고유의 많은 기념품이 있는 것을 보았습니다. 저희 모두는 몇 개의 기념품을 구매했습니다.

두 번째 날, 저희는 족자카르타 왕궁을 방문했습니다. 이 왕궁은 족자카르타에서 역사 깊은 건물입니다. 저희는 여기에서 몇 개의 사진을 찍었습니다. 저희는 또한 몇 개의 족자카르타 전통 음식을 먹어보았습니다(시도했습니다).

휴가를 보낸 지 이틀 후, 저희는 집으로 돌아왔습니다. 저는 이번 휴가로 즐거웠습니다. 저는 저희가 언젠가 다시 족자카르타로 가게 되기를 바랍니다.

 PERTANYAAN

**1** Mengapa mereka pergi ke Yogyakarta?

왜 그들은 족자카르타에 갔습니까?

_____

**2** Di hari kedua, mereka berkunjung ke mana?

두 번째 날, 그들은 어디를 방문했습니까?

_____

# Kosakata

## 직급 jabatan

| | | |
|---|---|---|
| ☐ | bawahan | 부하직원 |
| ☐ | atasan | 상사 |
| ☐ | manajer | 과장 |
| ☐ | kepala bagian | 부장 |
| ☐ | kepala tim | 팀장 |
| ☐ | direktur utama | 대표이사 |

## 가족 keluarga

| | | |
|---|---|---|
| ☐ | kakek | 할아버지 |
| ☐ | nenek | 할머니 |
| ☐ | ayah, bapak | 아버지 |
| ☐ | ibu | 어머니 |
| ☐ | orang tua | 부모님 |
| ☐ | bapak mertua | 장인어른, 시아버지 |
| ☐ | ibu mertua | 장모님, 시어머니 |
| ☐ | suami | 남편 |
| ☐ | istri | 아내 |
| ☐ | saudara | 형제, 친척 |
| ☐ | paman | 삼촌 |
| ☐ | tante, bibi | 고모, 이모 |
| ☐ | keponakan | 조카 |
| ☐ | cucu | 손주 |
| ☐ | sepupu | 사촌 |
| ☐ | kakak perempuan | 언니, 누나 |
| ☐ | kakak laki-laki | 오빠, 형 |
| ☐ | adik perempuan | 여동생 |
| ☐ | adik laki-laki | 남동생 |
| ☐ | anak perempuan | 딸, 여자아이 |
| ☐ | anak laki-laki | 아들, 남자아이 |

**1** 다음 부정관사를 사용하여 문장을 만들어 보세요.

❶ belum

_____

❷ tidak

_____

❸ bukan

_____

❹ tanpa

_____

**2** 다음 빈칸에 알맞은 조동사를 넣어 문장을 완성해 보세요.

❶ Apakah Anda _____ berbahasa Indonesia? 당신은 인도네시아어를 할 수 있습니까?

❷ _____ saya masuk? 제가 들어가도 될까요?

❸ Anda _____ datang ke sini. 당신은 여기에 와야만 합니다.

❹ Saya _____ minum obat. 저는 약을 먹을 필요가 있습니다.

**3** 다음 제시된 시제조동사로 문장을 만들어 보세요.

❶ 저는 인도네시아어를 공부하고 있는 중입니다. [sedang]

_____

❷ 그는 이 물건을 사용할 것입니까? [akan]

_____

❸ 그는 여기에 거주한 지 이미 10년이 되었습니다. [sudah]

_____

❹ 제 친구는 식사하고 있는 중입니다. [sedang]

_____

다음 상황을 읽고 알맞은 부정관사를 넣어 빈칸을 채워 보세요.

❶ 남자가 여자에게 한국 사람인지 묻자, 여자는 좌우로 고개를 젓고 있다.

A: Anda orang Korea?

B: _____, saya _____ orang Indonesia.

❷ 남자가 여자에게 결혼했는지 묻자, 여자는 아니라고 손으로 표시하고 있다.

A: Anda sudah menikah?

B: _____, saya _____ menikah.

❸ 여자가 남자에게 배고픈지 묻자, 남자는 아직 배가 안 고프다고 대답한다.

A: Anda lapar?

B: _____, saya _____ lapar.

❹ 카페에서 남자 점원에게 여자 고객이 음료를 주문하고 있다.

A: Anda mau minum apa?

B: Saya mau minum kopi _____ gula.

# Mendengar

경청은 지혜의 특권이다.

🎧 2-3

**1** Alisa와 Ju Won의 대화를 듣고 빈칸을 채운 뒤 큰 소리로 따라 읽어 보세요.

| | |
|---|---|
| Alisa: | Apakah Anda _____ berbahasa Indonesia? |
| Ju Won: | Saya belum _____ berbahasa Indonesia. |
| Alisa: | _____ berapa lama Anda belajar bahasa Indonesia? |
| Ju Won: | Hanya 1 bulan. |
| Alisa: | _____ Anda bisa mengerti bahasa Indonesia! |
| Ju Won: | Sedikit saja. |

**2** 녹음을 듣고 빈칸을 채워 보세요.

❶ Ini _____ tas saya.

❷ Dia _____ memasak nasi goreng?

❸ Saya _____ belajar sendiri.

❹ Saya _____ suka berjalan-jalan.

**1**  조동사를 사용하여 인도네시아어 문장을 해석하세요.

❶ Kemarin dia kurang tidur, jadi dia sudah mengantuk.

_____

❷ Saya harus segera pergi ke rumah sakit.

_____

❸ Saya sudah punya janji.

_____

❹ Dia perlu memperpanjang visa.

_____

❺ Saya mau bertemu lagi.

_____


**2**  부정관사를 사용하여 한국어 문장을 인도네시아어로 번역하세요.

❶ 그 아이는 제 아이가 아닙니다.

_____

❷ 저는 볶음국수를 요리하지 못합니다.

_____

❸ 저는 아직 점심을 먹지 않았습니다.

_____

❹ 저는 쇼핑을 좋아하지 않습니다.

_____

❺ 그는 인사 없이 갔습니다.

_____

**Pelajaran**

# 03

# Anak Laki-Laki Itu Anak Saya

저 남자아이는 제 아이입니다

핵심
문법
표현
**!**

**1**
Anak laki-laki itu anak saya.
저 남자아이는 제 아이입니다

**2**
Nama dia **Si Won.**
그의 이름은 시원입니다

**3**
Anak-anak **makan siang.**
아이들은 점심을 먹습니다

**4**
Banyak orang **suka nasi goreng.**
많은 사람들은 볶음밥을 좋아합니다

# Percakapan

🎧 3-1

| Alisa: | Siapa anak laki-laki itu? |
| Ju Won: | Anak laki-laki itu anak saya. Nama dia Si Won. |
| Alisa: | Oh, begitu. Dia suka apa? |
| Ju Won: | Dia suka membaca buku. Dia sudah punya banyak buku. |
| Alisa: | Sekarang saya punya dua buah buku. |
| Ju Won: | Saya mau lihat itu! |

| 알리사: | 저 남자아이는 누구인가요? |
| 주원: | 저 남자아이는 제 아이입니다. 그의 이름은 시원이에요. |
| 알리사: | 오, 그렇군요. 그는 무엇을 좋아하나요? |
| 주원: | 그는 책 읽는 것을 좋아해요. 그는 이미 많은 책을 가지고 있어요. |
| 알리사: | 저는 두 권의 책을 가지고 있어요. |
| 주원: | 저는 그것을 보고 싶네요! |

## KOSAKATA BARU

**siapa** 누구, 누가

**anak** 아이, 자녀

**laki-laki** 남자

**nama** 이름

**begitu** 그렇군요

**membaca** 읽다

**sudah** 이미

**punya** 가지다, 소유하다

**sekarang** 지금, 현재

**mau** 원하다, 하고 싶다

**lihat** 보다

**murid** 학생

**sedang** ~하고 있는 중

**belajar** 공부하다, 배우다

**bermain** 놀다, (운동경기, 악기)를 하다

**sepak bola** 축구

**rumah makan** 식당

**teman** 친구

**sekampus** 같은 캠퍼스

**jurusan** 전공, 과

**berbeda** 다르다

**tahun** 해, 년

**berteman** 친구로 지내다

**menikah** 결혼하다

**mempunyai** 가지다, 소유하다

**suami** 남편

**datang** 오다

**untuk** ~을 위하여

**mengunjungi** 방문하다

**wanita** 여성

**cantik** 예쁘다

# Tata Bahasa

## 명사의 수식

인도네시아어 명사의 수식 순서는 한국어와 반대입니다. 예를 들어, '남자아이'의 경우 'laki-laki(남자)'와 'anak(아이)'의 순서를 반대로 하여 'anak laki-laki(아이-남자)'라고 표현합니다. 이러한 '수식' 표현과 한 가지 더! '소유격' 표현도 한국어와 자리가 반대라는 점을 반드시 기억해야 합니다. 다음 문장을 살펴보겠습니다.

**Anak laki-laki itu anak saya.** 저 남자아이는 제 아이입니다.
　　저 남자아이(주어) + 제 아이(보어)

이 문장은 모두 명사로 이루어진 문장입니다. '~이다'라는 의미의 be동사인 'adalah'가 동사 자리에 위치하여 'Anak laki-laki itu adalah anak saya.'로 구성되어야 하지만 'adalah'는 생략 가능하므로 이 문장에서 생략되었습니다. '저 남자아이'는 수식 표현 자리 변환으로 인하여 '아이-남자-저'의 순서로, '제 아이' 역시 '아이-제'로 순서가 반대로 됩니다.

**Nama dia Si Won.** 그의 이름은 시원입니다.
그의 이름은(주어) + 시원(보어)

이 문장 역시 명사의 수식이 사용된 문장으로 '그의 이름'을 한국어와 반대 순서로 위치시켜 'nama dia'로 표현했습니다. 또한 명사로만 이루어진 문장으로 원래 위의 문장과 같이 be동사인 'adalah'가 사용되어 'Nama dia adalah Si Won.'으로 구성되는 문장이지만 위와 같이 생략되었습니다. 'adalah'는 구어체에서는 주로 생략되지만 문어체에서는 명사구와 명사구 사이에서 주어와 서술어를 구분하기 위해 사용됩니다.

> **잠깐!**
>
> 인도네시아어 문법에서는 명사의 수식뿐만 아니라 형용사의 수식 역시 '한국어와 반대 순서'로 이루어져야 합니다. 즉, 명사의 수식인 '남자아이'의 경우 '아이-남자'처럼 'anak laki-laki'가 되며, 형용사의 수식인 '예쁜 여자'의 경우 'wanita cantik'이 됩니다.

## 명사의 남성과 여성

인도네시아어 명사에서는 성(性)의 구분에 따라 동사의 변화가 일어나지 않습니다. 남성과 여성을 구분할 때는 다음과 같은 남성과 여성의 의미를 가진 단어를 사용하면 됩니다. '남자'를 의미하는 'laki-laki', '여자'를 의미하는 'perempuan'은 남성과 여성을 구분하여 표시할 경우에 사용합니다.

그리고 동물의 경우, '수컷'은 'jantan', '암컷'은 'betina'를 붙이면 됩니다. 앞서 배운 것처럼 '수식' 표현은 한국어와 반대 순서가 되어야 합니다.

Dia punya anak perempuan. 그는 딸을 가지고 있습니다.
그는(주어) + 소유하다(서술어) + 딸(목적어)


Saya sudah punya anak laki-laki. 저는 아들을 가지고 있습니다.
저는(주어) + 이미(시제조동사) + 소유하다(서술어) + 아들(목적어)


Di sini ada ayam jantan dan ayam betina. 여기에 수탉과 암탉이 있습니다.
여기에(전치사구) + 있다(서술어) + 수탉과 암탉(주어)

## 명사의 복수 표현

인도네시아어에서 복수를 표현할 때 가장 많이 사용하는 방법은 단어를 두 번 반복하는 것입니다. 이 외에 복수의미를 가지고 있는 단어(para)를 함께 사용하는 것도 가능합니다. 또한 명사 앞에 수량사 또는 다수의 의미를 가진 형용사를 사용하거나, '단체'라는 의미의 'kaum'을 통해서도 복수를 나타낼 수 있습니다.

Anak-anak makan siang.
= Para anak makan siang. 아이들은 점심을 먹습니다.

Murid-murid ada di sekolah.
= Para murid ada di sekolah. 학생들은 학교에 있습니다.

'많은'이라는 뜻을 가진 'banyak'과 '몇몇'이라는 뜻을 가진 'beberapa'를 사용하여 복수형을 나타내는 경우는 다음과 같으며 'banyak'과 'beberapa'는 수식하는 단어 앞에 위치한다는 것을 주의해야 합니다.

Banyak orang suka nasi goreng. 많은 사람들은 볶음밥을 좋아합니다.
Saya punya banyak sepatu. 저는 많은 구두를 가지고 있습니다.
Saya membeli beberapa buah buku. 저는 몇 권의 책을 구매합니다.
Beberapa orang ada di sana. 몇몇의 사람들이 거기에 있습니다.

구체적인 수량을 말할 경우, 숫자를 수량사 앞에 사용하면 됩니다. 즉, '사람'이라는 의미의 수량사인 'orang' 앞에, '사물을 세는 단위'의 수량사인 'buah' 앞에 정확한 숫자를 위치시키면 됩니다.

Dua orang ada di rumah. 두 사람이 집에 있습니다.
Dia membaca tiga buah buku. 그는 세 권의 책을 읽습니다.

# Bacaan

🎧 3-2

## Perkenalan Diri

Nama saya Ali Dinarja. Saya lahir di Jakarta pada tanggal 23 Juli tahun 1985. Saya tinggal di Jalan Dago nomor 8, Jakarta Selatan. Saya tinggal bersama dengan orang tua saya. Bapak saya berasal dari Bandung dan ibu saya berasal dari Medan. Bahasa daerah mereka berbeda. Akan tetapi di rumah kita memakai bahasa Indonesia. Saya mempunyai dua orang adik. Seorang adik laki-laki dan seorang adik perempuan. Sekarang saya bekerja di sekolah dasar. Saya mengajar bahasa Indonesia.

### 자기소개

제 이름은 알리 디나르자입니다. 저는 1985년 7월 23일 자카르타에서 태어났습니다. 저는 남부 자카르타 다고 가(路) 8번지에 거주합니다. 저는 제 부모님과 함께 살고 있습니다. 저희 아버지는 반둥 출신이고 저희 어머니는 메단 출신입니다. 그들의 지역언어(지방어)는 다릅니다. 그러나 저희 집에서는 인도네시아어(표준 인도네시아어)를 사용합니다. 저는 두 명의 동생이 있습니다. 한 명은 남동생이고 한 명은 여동생입니다. 현재 저는 초등학교에서 근무합니다. 저는 인도네시아어를 가르치고 있습니다.

 PERTANYAAN

**1** Siapa nama dia?

그의 이름은 무엇입니까?

**2** Apa pekerjaan dia?

그의 직업은 무엇입니까?

# Kosakata

## 숫자(기수) 1 – 20

- [ ] 1    satu
- [ ] 2    dua
- [ ] 3    tiga
- [ ] 4    empat
- [ ] 5    lima
- [ ] 6    enam
- [ ] 7    tujuh
- [ ] 8    delapan
- [ ] 9    sembilan
- [ ] 10    sepuluh
- [ ] 11    sebelas
- [ ] 12    dua belas
- [ ] 13    tiga belas
- [ ] 14    empat belas
- [ ] 15    lima belas
- [ ] 16    enam belas
- [ ] 17    tujuh belas
- [ ] 18    delapan belas
- [ ] 19    sembilan belas
- [ ] 20    dua puluh

## 숫자(기수) 30 – 5,000

- [ ] 30    tiga puluh
- [ ] 40    empat puluh
- [ ] 50    lima puluh
- [ ] 60    enam puluh
- [ ] 70    tujuh puluh
- [ ] 80    delapan puluh
- [ ] 90    sembilan puluh
- [ ] 100    seratus
- [ ] 200    dua ratus
- [ ] 300    tiga ratus
- [ ] 400    empat ratus
- [ ] 500    lima ratus
- [ ] 1.000    seribu
- [ ] 2.000    dua ribu
- [ ] 3.000    tiga ribu
- [ ] 4.000    empat ribu
- [ ] 5.000    lima ribu

## 숫자(기수) 10,000 – 300,000,000

- [ ] 10.000    sepuluh ribu
- [ ] 20.000    dua puluh ribu
- [ ] 30.000    tiga puluh ribu
- [ ] 100.000    seratus ribu
- [ ] 200.000    dua ratus ribu
- [ ] 300.000    tiga ratus ribu
- [ ] 1.000.000    sejuta
- [ ] 2.000.000    dua juta
- [ ] 3.000.000    tiga juta
- [ ] 10.000.000    sepuluh juta
- [ ] 20.000.000    dua puluh juta
- [ ] 30.000.000    tiga puluh juta
- [ ] 100.000.000    seratus juta
- [ ] 200.000.000    dua ratus juta
- [ ] 300.000.000    tiga ratus juta

## 숫자(서수)

- [ ] 첫 번째    pertama
- [ ] 두 번째    kedua
- [ ] 세 번째    ketiga
- [ ] 네 번째    keempat
- [ ] 다섯 번째    kelima
- [ ] 여섯 번째    keenam
- [ ] 일곱 번째    ketujuh
- [ ] 여덟 번째    kedelapan
- [ ] 아홉 번째    kesembilan
- [ ] 열 번째    kesepuluh

**1** 다음 명사의 복수 표현을 적어 보세요.

❶ laki-laki _____

❷ anak _____

❸ teman _____

❹ buku _____


**2** 다음 빈칸에 알맞은 명사를 넣어 문장을 완성해 보세요.

❶ _____ itu ada di mana? 그 아이들은 어디에 있습니까?

❷ Dia membaca _____ saya. 그는 저의 책을 읽습니다.

❸ _____ guru sedang ada di sana. 선생님들은 저기에 있습니다.

❹ Saya punya 2 _____ mobil. 저는 두 대의 차를 가지고 있습니다.


**3** 다음 제시된 명사로 문장을 만들어 보세요.

❶ 그는 집에서 저녁을 먹습니다. [malam]

_____

❷ 저는 인도네시아어를 공부합니다. [bahasa]

_____

❸ 제 책은 테이블에 있습니다. [meja]

_____

❹ 저는 볶음밥을 좋아합니다. [nasi]

_____

# Berbicara

다음 상황을 읽고 알맞은 명사를 넣어 빈칸을 채워 보세요.

**①** 남자가 여자에게 길 건너편의 사람이 누군지 묻자, 여자는 자신의 친구라고 대답한다.

A: Siapa orang itu?

B: Dia _____ saya.

**②** 여자가 남자에게 자녀가 있는지 묻자, 남자는 2명의 자녀가 있다고 대답한다.

A: Anda punya _____?

B: Ya, saya punya dua orang _____.

**③** 남자가 여자에게 무엇을 읽고 있는지 묻자, 여자는 책을 읽고 있다고 대답한다.

A: Anda membaca apa?

B: Saya membaca _____.

**④** 여자가 남자에게 무엇을 공부하는지 묻자, 남자는 인도네시아어를 공부하고 있다고 대답한다.

A: Anda belajar apa?

B: Saya belajar _____ Indonesia.

🎧 3-3

**1**  Alisa와 Ju Won의 대화를 듣고 빈칸을 채운 뒤 큰 소리로 따라 읽어 보세요.

| | |
|---|---|
| Alisa: | Siapa _____ _____ itu? |
| Ju Won: | Anak laki-laki itu anak saya. Nama dia Si Won. |
| Alisa: | Oh, begitu. Dia _____ apa? |
| Ju Won: | Dia _____ _____ buku. Dia sudah punya _____ buku. |
| Alisa: | Sekarang saya punya dua _____ buku. |
| Ju Won: | Saya mau _____ itu! |

**2**  녹음을 듣고 빈칸을 채워 보세요.

① Anda mau lihat _____?

② Dia sudah _____ 2 orang anak.

③ _____ anak itu?

④ _____ saya membaca buku.

# Menulis

쓰기는 의식을 재구조한다.

**1** 명사의 수식문법을 사용하여 인도네시아어 문장을 해석하세요.

❶ Saya makan mi goreng dan dia minum kopi.

_____

❷ Bapak Yanto bekerja di kantor.

_____

❸ Mereka bermain sepak bola dengan teman-teman.

_____

❹ Murid-murid belajar bahasa Indonesia.

_____

❺ Kampus itu sangat bagus.

_____


**2** 명사의 수식문법을 사용하여 한국어 문장을 인도네시아어로 번역하세요.

❶ 하디는 학교에서 영어를 공부합니다.

_____

❷ 저는 음식을 사고 그녀는 물을 삽니다.

_____

❸ 저는 원주에서 가족과 살고 있습니다.

_____

❹ 그들의 집은 큽니다.

_____

❺ 인도네시아 사람은 한국을 좋아합니다.

_____

# Pelajaran 04

## Cuaca Indonesia Lebih Panas daripada Cuaca Korea

인도네시아 날씨는 한국 날씨보다 더 덥습니다

핵심 문법 표현

**1** Cuaca Indonesia lebih panas daripada cuaca Korea.
인도네시아 날씨는 한국 날씨보다 더 덥습니다

**2** Dia sama tinggi dengan saya.
그는 저와 같이 큽니다

**3** Hp baru itu hp saya.
저 새 휴대폰은 제 휴대폰입니다

**4** Tas itu besar.
저 가방은 큽니다

# Percakapan

🎧 4-1

| | |
|---|---|
| Alisa: | Hari ini panas sekali. |
| Ju Won: | Ya, betul. Indonesia adalah negara tropis, maka selalu panas. |
| Alisa: | Bagaimana dengan cuaca Korea? |
| Ju Won: | Cuaca Indonesia lebih panas daripada cuaca Korea. Kalau Korea memiliki empat musim. |
| Alisa: | Empat musim itu apa saja? |
| Ju Won: | Musim semi, musim panas, musim gugur, dan musim dingin. Saya paling suka musim gugur. |

| | |
|---|---|
| 알리사: | 오늘은 정말 덥군요. |
| 주원: | 네, 맞아요. 인도네시아는 열대국가라서 항상 더워요. |
| 알리사: | 한국 날씨는 어때요? |
| 주원: | 인도네시아 날씨는 한국 날씨보다 더 더워요. 한국의 경우 네 개의 계절이 있어요. |
| 알리사: | 네 개의 계절에는 뭐가 있죠? |
| 주원: | 봄, 여름, 가을 그리고 겨울이에요. 저는 가을을 가장 좋아해요. |

## KOSAKATA BARU

**panas** 덥다
**betul** 옳다, 맞다
**adalah** ~이다
**negara** 국가, 나라
**tropis** 열대기후
**maka** 그래서, 그러므로
**selalu** 항상
**cuaca** 날씨
**memiliki** 가지다, 소유하다
**musim** 계절
**besar** 큰, 크다
**gunung** 산
**indah** 아름다운
**anjing** 개
**lucu** 귀여운
**penyanyi** 가수
**terkenal** 유명하다
**kalau** 만약, ~의 경우에는
**prakiraan** 예보
**diprediksi** 예측되다, 예견되다
**cerah** 맑다
**cerah berawan** 구름이 약간 있고 맑은
**sepanjang hari ini** 오늘 하루 종일
**kondisi** 상태
**terjadi** 발생하다
**wilayah** 지역
**turun hujan** 비 내리다
**malam hari** 저녁
**sedangkan** 반면에
**siang hari** 낮
**barang** 물건
**mangga** 망고

## 형용사의 사용

일반적으로 형용사가 명사 또는 대명사를 수식하는 경우에는 명사 또는 대명사의 뒤에 위치하지만, 서술적인 의미로 사용될 경우에는 서술어 자리에 위치합니다. 즉, 형용사가 한정적인 용법으로 사용될 때는 명사 뒤에 위치하여 명사를 한정함을 의미합니다.

## 1 수식의 경우

**Hp baru itu hp saya.** 저 새 휴대폰은 제 휴대폰입니다.

→ 'baru'는 '새로운'이라는 의미의 형용사로, '휴대폰'이라는 의미의 'hp'를 수식하고 있기 때문에 자리가 변환되어 'hp baru'가 됩니다.

**Wanita cantik ini pacar saya.** 이 예쁜 여성은 저의 애인입니다.

→ 'cantik'은 '예쁜'이라는 의미의 형용사로, '여성'이라는 의미의 'wanita'를 수식하고 있기 때문에 자리가 변환되어 'wanita cantik'이 됩니다.

## 2 서술적 사용의 경우

**Jalan Sudirman sangat panjang.** 수디르만 거리는 매우 깁니다.

→ 'panjang'는 '길다'라는 의미의 형용사로, 이 문장에서 서술적 역할로서 사용되었기 때문에 주어 뒤의 술어 자리에 위치합니다.

**Tas itu besar.** 저 가방은 큽니다.

→ 'besar'는 '크다'라는 의미의 형용사로, 이 문장에서 서술적 역할로서 사용되었기 때문에 주어 뒤의 술어 자리에 위치합니다.

## 3 수량 관련 형용사

수량과 관련된 형용사는 주로 명사 앞에 위치하여 한정합니다. 'beberapa-몇몇의', 'banyak-많은', 'sedikit-적은', 'semua-모든', 'seluruh-전체의' 등이 있습니다.

**Beberapa karyawan sedang berapat.** 몇몇의 직원들은 회의를 하고 있는 중입니다.

**Saya punya banyak teman.** 저는 많은 친구들이 있습니다.

**Kita hanya punya sedikit gula.** 우리는 단지 적은 설탕만을 가지고 있습니다.

**Semua orang berkumpul di sana.** 모든 사람들이 저기에 모였습니다.

**Mereka sangat terkenal di seluruh dunia.** 그들은 전 세계에서 매우 유명합니다.

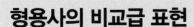

# Tata Bahasa

## 형용사의 비교급 표현

### 1 동급

형용사의 동급은 '같다'라는 의미를 가진 'sama'와 '~와'라는 의미를 가진 'dengan'이 결합된 표현인 'sama-dengan'으로 나타냅니다. 여기서 'sama'는 'se'로 줄여서 사용할 수 있으며 이때 'dengan'은 삭제됩니다.

Saya tinggi. 나는 키가 큽니다.

Saya sama tinggi dengan dia. 나는 그와 같이 큽니다.
　　　똑같이 크다　　+　　그와

Deden gemuk. 데덴은 뚱뚱합니다.

Deden segemuk ayah. 데덴은 아버지와 같이 뚱뚱합니다.
　　　똑같이 뚱뚱하다 + 아버지와

### 2 비교급

형용사의 비교급은 'lebih-daripada'로 나타냅니다. 'lebih'는 '더'라는 의미이며, 'daripada'는 '~보다'라는 의미를 가진 단어입니다.

Saya tinggi. 나는 키가 큽니다.

Saya lebih tinggi daripada dia. 나는 그보다 더 큽니다.
　　　더 크다　　+　　그보다

Deden gemuk. 데덴은 뚱뚱합니다.

Deden lebih gemuk daripada ayah. 데덴은 아버지보다 더 뚱뚱합니다.
　　　더 뚱뚱하다　　+　　아버지보다

### 3 최상급

형용사의 최상급은 '가장, 제일'의 의미를 가진 'paling'을 사용하거나 접두사 'ter-'를 붙여서 사용합니다.

Saya tinggi. 저는 키가 큽니다.
Saya paling tinggi. 저는 가장 큽니다.

Deden gemuk. 데덴은 뚱뚱합니다.
Deden tergemuk di dalam keluarga dia. 데덴은 그의 가족 중에서 가장 뚱뚱합니다.

🎧 4-2

## Cuaca Hari Ini

Prakiraan cuaca hari ini wilayah Jakarta akan cerah dan cerah berawan di beberapa wilayah sepanjang hari. Kondisi ini juga akan terjadi di wilayah Bekasi. Namun, cuaca berbeda di wilayah Depok dan Bogor. Depok dan Bogor diprediksi akan turun hujan. Hujan diprediksi akan turun di wilayah Depok pada malam hari. Di kota Bogor, hujan akan turun pada siang hari.

| Kota | Pagi | Siang | Malam |
|------|------|-------|-------|
| Jakarta Barat | Cerah Berawan | Cerah Berawan | Cerah Berawan |
| Jakarta Pusat | Cerah Berawan | Cerah | Cerah |
| Jakarta Selatan | Cerah | Cerah | Cerah Berawan |
| Jakarta Timur | Cerah | Cerah | Cerah Berawan |
| Jakarta Utara | Cerah Berawan | Cerah | Cerah |
| Kepulauan Seribu | Cerah Berawan | Cerah | Cerah |
| Bekasi | Cerah | Berawan | Berawan |
| Depok | Cerah Berawan | Berawan | Hujan Ringan |
| Bogor | Cerah Berawan | Hujan Ringan | Berawan |
| Tangerang | Cerah | Cerah Berawan | Berawan |

**오늘의 날씨**

자카르타 지역의 오늘 날씨는 하루 종일 몇몇 지역에서 맑고 또한 구름 낀 맑은 날씨가 예상됩니다. 이러한 상황은 브카시 지역에서도 발생될 예정입니다. 그러나, 데폭과 보고르 지역의 날씨는 다릅니다. 데폭과 보고르에는 비가 내릴 것으로 예상됩니다. 데폭 지역은 저녁에 비가 내릴 것으로 예상됩니다. 보고르 시에서, 비는 낮에 내릴 예정입니다.

| 도시 | 아침 | 점심 | 저녁 |
|------|------|------|------|
| 서부 자카르타 | 구름 끼고 맑음 | 구름 끼고 맑음 | 구름 끼고 맑음 |
| 중부 자카르타 | 구름 끼고 맑음 | 맑음 | 맑음 |
| 남부 자카르타 | 맑음 | 맑음 | 구름 끼고 맑음 |
| 동부 자카르타 | 맑음 | 맑음 | 구름 끼고 맑음 |
| 북부 자카르타 | 구름 끼고 맑음 | 맑음 | 맑음 |
| 스리부 도서 지역 | 구름 끼고 맑음 | 맑음 | 맑음 |
| 브카시 | 맑음 | 구름 많음 | 구름 많음 |
| 데폭 | 구름 끼고 맑음 | 구름 많음 | 보슬비 |
| 보고르 | 구름 끼고 맑음 | 보슬비 | 구름 많음 |
| 탕그랑 | 맑음 | 구름 끼고 맑음 | 구름 많음 |

 PERTANYAAN

**1** Bagaimana cuaca di Bekasi? 브카시 지역의 날씨는 어떻습니까?

**2** Kapan turun hujan di Bogor? 보고르에는 언제 비가 내립니까?

# Kosakata

어휘

대화는 어휘력 싸움이다.

## 날씨 cuaca

| | | |
|---|---|---|
| ☐ | musim semi | 봄 |
| ☐ | musim panas | 여름 |
| ☐ | musim gugur | 가을 |
| ☐ | musim dingin | 겨울 |
| ☐ | musim kemarau | 건기 |
| ☐ | musim hujan | 우기 |
| ☐ | cerah | 맑은, 청명한 |
| ☐ | berawan | 구름 끼다 |
| ☐ | berkabut | 안개 끼다 |
| ☐ | mendung | 흐리다 |
| ☐ | hujan | 비, 비 내리다 |
| ☐ | salju | 눈, 눈 내리다 |
| ☐ | matahari | 태양 |
| ☐ | badai | 태풍 |
| ☐ | hangat | 따뜻한 |
| ☐ | panas | 덥다, 뜨겁다 |
| ☐ | dingin | 춥다, 차갑다 |
| ☐ | sejuk | 시원한, 선선한 |
| ☐ | lembap | 습하다 |
| ☐ | kering | 건조한 |

## 시간 jam

| | | |
|---|---|---|
| ☐ | hari ini | 오늘 |
| ☐ | besok | 내일 |
| ☐ | besok lusa | 모레 |

| | | |
|---|---|---|
| ☐ | kemarin | 어제 |
| ☐ | kemarin dulu | 그저께 |
| ☐ | pagi-pagi | 아침 일찍 |
| ☐ | larut malam | 저녁 늦게 |
| ☐ | sekarang | 지금, 현재 |
| ☐ | nanti | 나중에 |
| ☐ | tadi | 아까 |
| ☐ | tanggal | 날짜 |
| ☐ | akhir minggu(akhir pekan) | 주말 |
| ☐ | hari biasa | 평일, 주중 |
| ☐ | jam | 시, 시간 |
| ☐ | menit | 분 |
| ☐ | hari | 날, 일, 요일 |
| ☐ | minggu | 주 |
| ☐ | bulan | 월, 달 |
| ☐ | tahun | 해, 년 |
| ☐ | setiap hari | 매일 |
| ☐ | minggu ini | 이번 주 |
| ☐ | minggu yang lalu(minggu lalu) | 지난주 |
| ☐ | minggu depan | 다음주 |
| ☐ | bulan ini | 이번 달 |
| ☐ | bulan yang lalu(bulan lalu) | 지난달 |
| ☐ | bulan depan | 다음달 |
| ☐ | tahun ini | 올해 |
| ☐ | tahun yang lalu(tahun lalu) | 작년 |
| ☐ | tahun depan | 내년 |
| ☐ | detik | 초(初) |

**1** 다음 형용사 비교급을 사용하여 문장을 만들어 보세요.

❶ lebih - daripada

_____

❷ sama - dengan

_____

❸ paling

_____


**2** 다음 빈칸에 알맞은 형용사 비교급 단어를 넣어 문장을 완성해 보세요.

❶ Dia _____ ayahnya.  그는 그의 아버지와 같이 똑똑합니다.

❷ Saya _____ cantik di sini.  제가 여기에서 가장 예쁩니다.

❸ Bapak Dodi _____ kaya _____ saya.  도디 씨는 저와 같이 부유합니다.

❹ Dia _____ ganteng _____ teman dia.  그는 그의 친구보다 더 잘생겼습니다.


**3** 다음 제시된 형용사로 문장을 만들어 보세요.

❶ 그는 부지런합니다. [rajin]

_____

❷ 이 물건은 좋습니다. [bagus]

_____

❸ 그녀는 아름답습니다. [indah]

_____

❹ 저는 새 휴대폰을 구매합니다. [baru]

_____

다음 상황을 읽고 알맞은 형용사 비교급 단어를 넣어 빈칸을 채워 보세요.

❶ 여자가 남자에게 키가 몇인지 묻자, 남자는 하디 씨와 같다고 대답한다.

A: Berapa tinggi Anda?

B: Saya _____ tinggi _____ bapak Hadi.

❷ 남자가 여자에게 오늘이 어제보다 더 날씨가 맑다고 말하자, 여자도 이에 동의한다.

A: Hari ini _____ cerah _____ kemarin.

B: Ya, betul.

❸ 남자가 여자에게 무슨 음식을 가장 좋아하는지 묻자, 여자는 볶음밥을 가장 좋아한다고 대답한다.

A: Anda _____ suka makanan apa?

B: Saya _____ suka nasi goreng.

❹ 여자가 자신의 친구를 소개하자, 남자는 자신과 친구의 나이가 같다고 말한다.

A: Dia teman saya.

B: Dia _____ _____ saya.

🎧 4-3

**1** Alisa와 Ju Won의 대화를 듣고 빈칸을 채운 뒤 큰 소리로 따라 읽어 보세요.

> Alisa: Hari ini _____ sekali.
>
> Ju Won: Ya, betul. Indonesia adalah negara tropis, maka _____ panas.
>
> Alisa: Bagaimana dengan _____ Korea?
>
> Ju Won: Cuaca Indonesia _____ panas _____ cuaca Korea.
> Kalau Korea memiliki empat _____.
>
> Alisa: Empat musim itu apa saja?
>
> Ju Won: Musim semi, musim panas, musim gugur, dan musim dingin.
> Saya _____ suka musim gugur.

**2** 녹음을 듣고 빈칸을 채워 보세요.

❶ Itu _____ mahal.

❷ Sekarang Korea _____ _____.

❸ Negara Indonesia _____ dua musim.

❹ _____ _____ panas _____.

# Menulis

**1** 형용사를 사용하여 인도네시아어 문장을 해석하세요.

① Buku tipis ini buku terkenal.

_____

② Kabar dia baik.

_____

③ Mobil saya baru.

_____

④ Sungai itu kotor.

_____

⑤ Mal itu sangat besar.

_____


**2** 형용사를 사용하여 한국어 문장을 인도네시아어로 번역하세요.

① 오늘 날씨는 매우 맑습니다.

_____

② 그 직원은 항상 부지런합니다.

_____

③ 현재 한국의 날씨는 춥습니다.

_____

④ 그녀의 방은 깨끗합니다.

_____

⑤ 지금 반둥은 시원합니다.

_____

**Pelajaran**
# 05

# Saya Sering Pergi ke Indonesia

저는 인도네시아에 자주 갑니다

핵심
문법
표현

**1**

Saya sering pergi ke Indonesia.
저는 인도네시아에 자주 갑니다

**2**

Karyawan itu bekerja dengan rajin.
그 직원은 부지런하게 일합니다

**3**

Biasanya jalan ini tidak macet.
보통 이 길은 막히지 않습니다

**4**

Dia sedang beristirahat di rumahnya.
그는 그의 집에서 쉬고 있는 중입니다

# Percakapan

인류는 소통하였기에 생존하였다.

🎧 5-1

| | |
|---|---|
| Ju Won: | Apakah Ibu Alisa sering pergi ke Indonesia? |
| Alisa: | Ya, saya sering pergi ke Indonesia karena orang tua saya tinggal di Jakarta. Bagaimana dengan Bapak Ju Won? |
| Ju Won: | Saya juga sering pergi ke Indonesia. |
| Alisa: | Oh, kenapa? |
| Ju Won: | Karena hobi saya berjalan-jalan. Saya suka berwisata ke luar negeri. |
| Alisa: | Oh, iya? |

주원: 알리사 씨는 인도네시아에 자주 가나요?
알리사: 네, 저는 인도네시아에 자주 가요 왜냐하면 제 부모님께서 자카르타에 살고 계시거든요. 주원 씨는 어떠세요?
주원: 저도 인도네시아에 자주 가요.
알리사: 오, 왜요?
주원: 왜냐하면 제 취미가 여행하는 것이거든요. 저는 외국으로 여행하는 것을 좋아해요.
알리사: 오, 그래요?

## KOSAKATA BARU

**luar negeri** 외국, 해외
**karyawan** 직원
**menang** 이기다
**dilakukan** 이루어지다
**takut** 두렵다, 무섭다
**kemungkinan** 가능성
**perkembangan** 발전
**daerah** 지역
**menulis** 쓰다
**telah** 이미
**sejak** ~이래로
**berusia** 나이를 먹다
**ketika** ~때
**masih** 아직, 여전히
**Sekolah Dasar** 초등학교
**ayah** 아버지
**mengajarkan** 가르쳐주다
**menceritakan** 이야기하다
**sesuatu** 어떤 것
**menjadi** 되다
**cerita** 이야기
**kemampuan** 능력
**terlatih** 훈련되다
**menghabiskan waktu** (시간을) 보내다
**dapat** 할 수 있다
**dibaca** 읽히다
**siapa saja** 누구든지
**dunia** 세계
**menjawab** 대답하다
**beristirahat** 쉬다, 휴식을 취하다
**menghilangkan stres** 스트레스를 해소하다
**bertengkar** 싸우다

53

## 부사의 종류

부사는 형용사, 동사, 부사를 자세하게 설명해주는 역할을 하며, 인도네시아어에서 부사의 종류는 다음과 같습니다.

### 1 dengan + 형용사

Karyawan itu bekerja dengan rajin. 그 직원은 부지런하게 일합니다.
Mereka mengajar bahasa Indonesia dengan mudah. 그들은 인도네시아어를 쉽게 가르칩니다.

### 2 secara + 형용사

Masalah itu akan diselesaikan secara damai. 그 문제는 평화롭게 종결될 것입니다.
Upacara pernikahan mereka dilakukan secara sederhana.
그들의 결혼식은 간소하게 이루어졌습니다.

### 3 단어의 반복

Dia ingin mereka bekerja cepat-cepat. 그는 그들이 빠르게 일하기를 원합니다.
Saya diam-diam masuk ke ruangan kelas. 저는 교실로 조용하게 들어갑니다.

### 4 빈도부사

**selalu**  항상
Dia selalu bangun pada jam 7 pagi. 그는 항상 아침 7시에 일어납니다.

**sering**  자주
Mereka sering berkelahi. 그들은 자주 싸웁니다.

**kadang-kadang**  가끔
Mereka kadang-kadang pergi ke bioskop. 그들은 가끔 영화관에 갑니다.

**jarang**  거의 ~하지 않다
Mereka jarang bertemu karena tempat tinggalnya jauh.
그들은 사는 곳이 멀어서 거의 만나지 않습니다.

## nya의 활용

'nya'는 여러 의미로 사용되는 접미사로 다음과 같이 활용됩니다.

## 1 부사화

Biasanya jalan ini tidak macet.
보통 이 길은 막히지 않습니다.

Sebenarnya saya takut waktu itu.
사실 저는 그때 두려웠습니다.

Seharusnya saya masuk sekolah jam 8.
저는 마땅히 8시까지 학교에 들어갔어야만 했습니다.

## 2 3인칭 대명사의 소유격 및 목적격 형태

Dia sedang beristirahat di rumahnya.
그는 그의 집에서 쉬고 있는 중입니다.

Saya sangat mencintainya.
저는 그를 매우 사랑합니다.

## 3 형용사의 명사화

Tingginya gunung itu 1.500 meter.
그 산의 높이는 1,500미터입니다.

Beratnya truk itu 1 ton.
그 트럭의 무게는 1톤입니다.

## 4 영어의 정관사 the 역할

Gedung kantornya sudah lama.
그 사무실 건물은 낡았습니다.

Kemungkinan perkembangan daerahnya sangat tinggi.
그 지역의 발전가능성은 매우 높습니다.

언어는 질서 속에 짜여진 무늬이다.

# Bacaan

🎧 5-2

## Hobi

Hobi saya adalah menulis. Saya telah menulis sejak berusia 10 tahun ketika masih di sekolah dasar. Ayah saya mengajarkan saya bagaimana menulis dengan baik. Beliau mengajarkan bagaimana menceritakan sesuatu menjadi cerita yang bagus. Saya senang dengan hobi saya.

Sekarang hobi saya adalah *blogging*. Hal ini berhubungan dengan menulis juga. Hobi dan kemampuan saya menjadi lebih terlatih. Saya menghabiskan banyak waktu dengan *blogging*. Dengan *blogging*, cerita saya dapat dibaca siapa saja di dunia. Saya senang dengan hobi saya.

---

취미

제 취미는 쓰기입니다. 저는 초등학교에 다닐 때인 10살 이후로 쓰는 것을 하였습니다. 저희 아버지는 저에게 어떻게 잘 쓸 수 있는지 가르쳐 주셨습니다. 저희 아버지는 어떤 특정한 것이 좋은 이야기가 될 수 있도록 어떻게 이야기하면 되는지 가르쳐 주셨습니다. 저는 제 취미가 즐겁습니다.

현재 제 취미는 블로깅입니다. 이것은 역시 쓰기와 관련이 있습니다. 제 취미와 능력은 더 훈련되었습니다. 저는 블로깅을 하며 많은 시간을 보냅니다. 블로깅으로, 제 글은 세계의 어느 누구라도 읽을 수 있습니다. 저는 제 취미가 즐겁습니다.

 PERTANYAAN

**1** Apa hobinya?

그의 취미는 무엇입니까?

---

**2** Siapa yang mengajarkan dia bagaimana menulis?

그에게 어떻게 글을 쓰는지 누가 가르쳐 주었습니까?

---

# Kosakata

대화는 어휘력 싸움이다.

## 취미 hobi

| | | | | | |
|---|---|---|---|---|---|
| ☐ | permainan komputer | 컴퓨터 게임 | ☐ | menonton film | 영화 보다 |
| ☐ | menari | 춤추다 | ☐ | mengobrol | 수다 떨다 |
| ☐ | menyanyi | 노래하다 | ☐ | bermain sepak bola | 축구하다 |
| ☐ | berwisata | 여행하다 | ☐ | bermain tenis | 테니스하다 |
| ☐ | berjalan-jalan | 산책하다, 여행하다 | ☐ | bermain bisbol | 야구하다 |
| ☐ | mengambil foto | 사진 찍다 | ☐ | bermain bola basket | 농구하다 |
| ☐ | membaca buku | 책을 읽다 | ☐ | bermain piano | 피아노 치다 |
| ☐ | bersepeda (naik sepeda) | 자전거를 타다 | ☐ | bermain biola | 바이올린 켜다 |
| ☐ | menggambar | 그림 그리다 (디자인, 그림) | ☐ | bermain golf | 골프하다 |
| ☐ | melukis | 그림 그리다 (회화) | ☐ | bermain game | 게임하다 |
| ☐ | mendaki gunung (naik gunung) | 등산하다 | ☐ | bermain boling | 볼링하다 |
| ☐ | memasak | 요리하다 | ☐ | berolahraga | 운동하다 |
| ☐ | berenang | 수영하다 | ☐ | menonton konser | 콘서트를 보다 |
| | | | ☐ | mendengarkan musik | 음악을 듣다 |
| | | | ☐ | bersantai | 여유를 가지고 쉬다 |

**1** 다음 빈도부사를 사용하여 문장을 만들어 보세요.

❶ sering

_____

❷ kadang-kadang

_____

❸ jarang

_____

**2** 다음 빈칸에 알맞은 부사 단어를 넣어 문장을 완성해 보세요.

❶ Akhir-akhir ini saya _____ capai.  요새 저는 항상 피곤합니다.

❷ Dia sedang bekerja _____ .  그는 천천히 일하고 있습니다.

❸ Itu masih berfungsi _____ baik.  그것은 아직 잘 작동되고 있습니다.

❹ Masalah itu diselesaikan _____ damai.  그 문제는 평화적으로 해결되었습니다.

**3** 다음 제시된 nya-를 사용한 단어로 문장을 만들어 보세요.

❶ 사실 저는 그것을 알지 못합니다. [sebenarnya]

_____

❷ 저것은 그의 지갑입니다. [dompetnya]

_____

❸ 보기에도 그는 피곤해 보입니다. [kelihatannya]

_____

❹ 그 이유는 정확하지 않습니다. [alasannya]

_____

# Berbicara

말하기

다음 상황을 읽고 알맞은 형용사 비교급 단어를 넣어 빈칸을 채워 보세요.

**❶**

> 여자가 남자에게 몇 시에 자는지 물어보자, 남자는 항상 11시에 잔다고 대답한다.

A: Bapak tidur jam berapa?

B: Saya _____ tidur jam 11 malam.

**❷**

> 남자가 다급한 표정으로 급하게 뛰어가자, 여자가 무슨 일이냐고 묻는다.

A: Ada apa, bapak?

B: Saya terlambat, jadi harus pergi _____.

**❸**

> 여자가 남자에게 버스를 자주 타는지 묻자, 남자는 거의 타지 않는다고 대답한다.

A: Anda sering pakai bus?

B: Tidak, saya _____ pakai bus.

**❹**

> 남자가 친구(남자)에게 몸무게가 몇인지 묻자, 친구는 75kg이라고 대답한다.

A: Berapa _____ _____ _____?

B: _____ _____ saya 75 kg.

# Mendengar

🎧 5-3

**1** Alisa와 Ju Won의 대화를 듣고 빈칸을 채운 뒤 큰 소리로 따라 읽어 보세요.

Ju Won: **Apakah Ibu Alisa** _____ **pergi ke Indonesia?**

Alisa: **Ya, saya** _____ **pergi ke Indonesia karena orang tua saya tinggal di Jakarta. Bagaimana dengan Bapak Ju Won?**

Ju Won: **Saya juga** _____ **pergi ke Indonesia.**

Alisa: **Oh, kenapa?**

Ju Won: _____ **hobi saya** _____.
**Saya suka** _____ **ke luar negeri.**

Alisa: **Oh, iya?**

**2** 녹음을 듣고 빈칸을 채워 보세요.

❶ Dia menjawab _____.

❷ Mereka _____ datang di sini.

❸ Kami _____ bertemu.

❹ Dia _____ bersemangat.

**1** 부사를 사용하여 인도네시아어 문장을 해석하세요.

① Saya menghilangkan stres dengan beristirahat.

_____

② Seharusnya Anda sudah datang di sini.

_____

③ Saya mau pinjam bukunya.

_____

④ Tingginya 2 meter.

_____

⑤ Mereka jarang bertengkar.

_____


**2** 부사를 사용하여 한국어 문장을 인도네시아어로 번역하세요.

① 그는 사무실에서 항상 열심히 근무합니다.

_____

② 저의 누나는 쇼핑몰에 자주 갑니다.

_____

③ 그는 빠르게 달립니다.

_____

④ 사실 그녀는 자카르타에 와본 적이 없습니다.

_____

⑤ 일반적으로 한국 사람들은 등산을 좋아합니다.

_____

# Apakah Kantor Anda Jauh dari Sini?

당신의 사무실은 여기로부터 멀리 있습니까?

핵심
문법
표현
!

**1** Apakah kantor Anda jauh dari sini?
당신의 사무실은 여기로부터 멀리 있습니까?

**2** Kita memasak untuk Anda.
우리는 당신을 위하여 요리합니다

**3** Saya belajar bahasa Indonesia dengan Ibu Yuli.
저는 율리 선생님과 인도네시아어를 공부합니다

**4** Dia sudah pergi ke banyak tempat wisata selama tinggal di Jakarta.
그는 자카르타에 사는 동안 많은 관광지를 갔습니다

# Percakapan

인류는 소통하였기에 생존하였다.

🎧 6-1

| | |
|---|---|
| Ju Won: | Apa kabar? Ibu datang dari mana? |
| Alisa: | Baik-baik saja. Saya barusan datang dari kantor. |
| Ju Won: | Apakah kantor Anda jauh dari sini? |
| Alisa: | Ya, cukup jauh. Dari kantor saya ke sini memakan waktu 1 jam. |
| Ju Won: | Oh, cukup jauh. |
| Alisa: | Kalau macet, bisa 1 jam 30 menit juga. |

| | |
|---|---|
| 주원: | 잘 지냈어요? 어디에서 오는 길이세요? |
| 알리사: | 잘 지냈어요. 저는 방금 사무실로부터 오는 길이에요. |
| 주원: | 당신의 사무실은 여기로부터 멀리 있나요? |
| 알리사: | 네, 꽤 멀어요. 제 사무실에서 여기까지 1시간 걸려요. |
| 주원: | 오, 꽤 멀군요. |
| 알리사: | 길이 막히면 1시간 30분도 걸려요. |

## KOSAKATA BARU

| | | |
|---|---|---|
| **barusan** 방금 | **transportasi** 교통수단 | **keledai** 당나귀 |
| **cukup** 꽤, 충분히 | **darat** 육지, 땅 | **gajah** 코끼리 |
| **memakan waktu** 시간이 걸리다 | **sarana** 장치, 수단 | **kerbau** 물소 |
| **kalau** 만일, 만약, ~의 경우에 | **pengangkutan** 운송, 수송, 운반 | **masa sekarang** 현재, 현대 |
| **macet** 길이 막히다 | **yang** ~한 것(관계대명사) | **dibagi** 나뉘다 |
| **berbelanja** 쇼핑하다, 장 보다 | **menghubungkan** 연결시키다 | **menggunakan** 사용하다, 이용하다 |
| **berolahraga** 운동하다 | **tempat** 장소 | **tenaga mesin** 기계동력 |
| **setiap hari** 매일 | **berjauhan** 멀리 떨어져 있는 | **pula** 또한 |
| **mengirim** 보내다 | **melalui** ~을 통하여 | **merupakan** ~이다 |
| **tata bahasa** 문법 | **pada masa lalu** 과거에 | **penghubung** 매개체 |
| **keadaan** 상황, 사정 | **alat** 도구 | **jumlah** 총합 |
| **menunggu** 기다리다 | **misalnya** 예를 들면 | **pengguna** 이용자, 사용자 |
| **berteriak** 소리 지르다 | **kuda** 말 | |

## 전치사의 종류

전치사는 주로 명사, 대명사 앞에 위치하며, '장소, 시간, 수단, 방향' 등과 관련되어 사용합니다.

**di** ～에(장소를 나타내는 명사 앞에 위치)

Dia tinggal di Surabaya.  그녀는 수라바야에 거주합니다.

Ibu saya sedang berbelanja di pasar.
제 어머니는 시장에서 쇼핑하고 있는 중입니다.

**dari** ～로부터(장소를 나타내는 명사 앞에 위치)

Saya berasal dari Korea.  저는 한국(으로부터의) 출신입니다.

Mereka datang dari Jakarta.  그들은 자카르타로부터 왔습니다.

**ke** ～로(장소를 나타내는 명사 앞에 위치, 이동 방향을 나타냄)

Dia pergi ke Jepang.  그녀는 일본으로 갑니다.

Saya mau ke Jalan Manggir.  저는 망기르 길로 가고 싶습니다.

**untuk** ～을 위하여

Kita memasak untuk Anda.  우리는 당신을 위하여 요리합니다.

Untuk kesehatan kita harus berolahraga.
건강을 위하여 우리는 운동을 해야만 합니다.

**pada** ～에(주로 시간이 나올 때 함께 사용)

Saya pernah belajar di Jakarta pada tahun 2015.
저는 2015년에 자카르타에서 공부한 적이 있습니다.

Nanti kita bertemu pada jam 7.
우리 이따 7시에 만나자.

**kepada** ～에게(사람을 나타내는 명사 앞에 위치)

Saya sudah mengirim surat kepada dia.
저는 이미 그에게 편지를 보냈습니다.

Bapak Deni mau menelepon kepada dia.
데니 씨는 그녀에게 전화하기를 원합니다.

### dengan ～와, ～하게, ～을 타고, ～을 사용해서

Dia belajar bahasa Indonesia dengan ibu Yuli.
그는 율리 씨와 인도네시아어를 공부합니다.

Mereka bekerja dengan rajin.
그들은 성실하게 일합니다.

Saya akan berjalan-jalan ke Bandung dengan mobil.
저는 차를 타고 반둥으로 여행갈 것입니다.

Saya bermain game dengan komputer.
저는 컴퓨터를 사용해서 게임을 합니다.

### tentang, mengenai ～에 대하여

Kita sedang belajar tentang tata bahasa.
우리는 문법에 대하여 공부하고 있는 중입니다.

Mereka berdiskusi mengenai keadaan perusahaan.
그들은 회사 사정에 대하여 토의하고 있습니다.

* 일반적으로 'tentang'이 더 빈번하게 사용되는 단어이지만, 'mengenai'도 문어체에서 자주 발견할 수 있습니다.

### selama ～동안

Dia sudah pernah pergi ke banyak tempat wisata selama tinggal di Jakarta.
그는 자카르타에 사는 동안 많은 관광지를 갔습니다.

Kita beristirahat selama 10 menit.
우리는 10분 동안 쉽니다.

### sampai ～까지

Anda harus menyelesaikan tugas ini sampai jam 8 malam.
당신은 저녁 8시까지 이 업무를 끝내야만 합니다.

Kita akan berkumpul sampai jam 7 pagi.
우리는 아침 7시까지 모일 예정입니다.

* 'sampai'는 동사로서 '도착하다'라는 의미로도 많이 사용됩니다.

### seperti ～처럼

Dia cantik seperti ibunya.
그녀는 그녀의 어머니처럼 예쁩니다.

Dia berteriak seperti orang gila.
그는 미친 사람처럼 소리를 질렀습니다.

🎧 6-2

## Transportasi Darat

Transportasi darat adalah sarana pengangkutan yang menghubungkan dua tempat yang berjauhan melalui darat. Jalan merupakan sarana penghubung dari satu kota ke kota lain. Oleh karena jumlah kendaraan dan pengguna jalan semakin banyak, jalanan juga semakin macet. Pada masa lalu alat transportasi darat misalnya kuda, keledai, gajah, dan kerbau. Untuk masa sekarang alat trasportasi darat dibagi menjadi dua.

Ada transportasi yang tidak menggunakan tenaga mesin. Misalnya becak dan sepeda. Ada pula yang menggunakan tenaga mesin. Misalnya sepeda motor, bus, mobil, dan kereta api. Tempat pemberhentian bus yang terdapat di kota-kota adalah terminal. Tempat pemberhentian kereta api adalah stasiun.

### 육상 교통

육상 교통은 육상을 통해 멀리 있는 두 지역을 연결하는 운송 시설입니다. 도로는 한 도시에서 다른 도시로의 연결 시설입니다. 도로 이용자와 교통 총량이 점점 늘어나고 있기 때문에 도로 역시 점점 막히고 있습니다. 과거 육상 교통 도구는 예를 들면 말, 당나귀, 코끼리 및 물소였습니다. 지금 시대에 육상 교통 도구는 두 개로 나뉘어져 있습니다.

기계 원동력을 사용하지 않는 교통도 있습니다. 예를 들면 베짝과 자전거입니다. 또한 기계 원동력을 사용하는 것도 있습니다. 예를 들면 오토바이, 버스, 자동차 및 기차입니다. 도시들에 있는 버스 정차장소는 터미널입니다. 기차 정차장소는 역입니다.

**1** Transportasi darat itu apa? 육상 교통은 무엇입니까?

_____

**2** Transportasi yang tidak menggunakan tenaga mesin itu misalnya apa?
기계 원동력을 사용하지 않는 교통은 예를 들면 무엇입니까?

_____

# Kosakata

## 교통수단 kendaraan

| | | |
|---|---|---|
| ☐ | mobil | 자동차 |
| ☐ | kereta api | 기차 |
| ☐ | kereta bawah tanah | 지하철 |
| ☐ | bus | 버스 |
| ☐ | truk | 트럭 |
| ☐ | angkot | 도시형 대중버스 |
| ☐ | mikrolet | 소형 대중 교통버스 |
| ☐ | sepeda | 자전거 |
| ☐ | becak | 베짝(승객용 삼륜 자전거) |
| ☐ | sepeda motor | 오토바이 |
| ☐ | ojek | 오젝(영업용 오토바이) |
| ☐ | taksi | 택시 |
| ☐ | pesawat terbang | 비행기 |
| ☐ | kapal | 배 |

## 길 jalan

| | | |
|---|---|---|
| ☐ | jalan raya | 대로 |
| ☐ | lampu lalu lintas | 신호등 |
| ☐ | petunjuk jalan | 도로 표지판 |
| ☐ | halte bus | 버스정류장 |
| ☐ | macet | 교통체증 |
| ☐ | arah | 방향 |
| ☐ | persimpangan jalan | 교차로 |
| ☐ | penyeberangan | 횡단보도 |
| ☐ | stasiun | 기차역 |
| ☐ | perempatan | 사거리 |

## 공항 bandara

| | | |
|---|---|---|
| ☐ | bording pass | 탑승권 |
| ☐ | paspor | 여권 |
| ☐ | pusat informasi | 안내소 |
| ☐ | naik | 타다 |
| ☐ | turun | 내리다 |
| ☐ | transfer | 갈아타다 |
| ☐ | terlambat datang | 연착하다 |
| ☐ | bagasi | 화물 |
| ☐ | bagasi tangan | 기내 화물 |
| ☐ | kelebihan bagasi | 초과 화물 |
| ☐ | kantor pabean | 세관 |
| ☐ | visa | 비자 |
| ☐ | tiket | 티켓 |
| ☐ | kode penerbangan | 항공편 |

**1** 다음 전치사를 사용하여 문장을 만들어 보세요.

➊ dengan

_____

➋ untuk

_____

➌ selama

_____


**2** 다음 빈칸에 알맞은 전치사 단어를 넣어 문장을 완성해 보세요.

➊ Dia masuk _____ pintu nomor 1.  그는 1번 문으로부터 들어왔습니다.

➋ Saya mau membuat laporan _____ jam 6 sore.  저는 오후 6시까지 보고서를 만들고 싶습니다.

➌ Saya pergi ke Indonesia _____ pesawat.  저는 비행기를 타고 인도네시아로 갑니다.

➍ Anda harus bekerja _____ dia.  당신은 그녀처럼 일해야 합니다.


**3** 다음 제시된 전치사가 사용된 단어로 문장을 만들어 보세요.

➊ 저의 아이는 학교에서 돌아왔습니다. [dari]

_____

➋ 그녀는 일하는 동안 매우 바쁩니다. [selama]

_____

➌ 점심식사를 하기 위해서 그는 식당으로 갔습니다. [untuk]

_____

➍ 저는 아직 그것에 대하여 알지 못합니다. [tentang]

_____

# Berbicara

말할 권리는 절대 옹호한다.

다음 상황을 읽고 알맞은 전치사 단어를 넣어 빈칸을 채워 보세요.

❶ 여자가 남자에게 누구와 인도네시아어를 공부하는지 묻자, 남자는 율리 선생님(여자)과 공부한다고 대답한다.

A: Anda belajar bahasa Indonesia dengan siapa?

B: Saya belajar _____ ibu Yuli.


❷ 여자가 남자에게 지금 어디 가는지 묻자, 남자는 화장실에 간다고 대답한다.

A: Anda sedang pergi _____ mana?

B: Saya sedang pergi _____ toilet.


❸ 여자가 남자에게 그 옷가게가 여기에서 멀리 있는지 묻자, 남자는 그렇다고 대답한다.

A: Toko baju itu jauh _____ sini?

B: Ya, toko baju itu jauh _____ sini.


❹ 여자가 남자에게 몇 시까지 도착할 수 있는지 묻자, 남자는 오후 5시까지 도착할 수 있다고 대답한다.

A: _____ jam berapa Anda bisa datang?

B: Saya bisa datang _____ jam 5 sore.

🎧 6-3

**1** Alisa와 Ju Won의 대화를 듣고 빈칸을 채운 뒤 큰 소리로 따라 읽어 보세요.

Ju Won: Apa kabar? Ibu datang _____ mana?

Alisa: Baik-baik saja. Saya barusan datang _____ kantor.

Ju Won: Apakah kantor Anda _____ dari sini?

Alisa: Ya, cukup _____. Dari kantor saya ke sini _____ waktu 1 jam.

Ju Won: Oh, cukup jauh.

Alisa: _____ macet, bisa 1 jam 30 menit juga.

**2** 녹음을 듣고 빈칸을 채워 보세요.

① Dia sudah bekerja di sini _____ satu bulan.

② Kapan Anda mau datang _____ sini?

③ Kemarin saya bertemu _____ dia.

④ Sepatu itu _____ siapa?

# Menulis

**1**  전치사를 사용하여 인도네시아어 문장을 해석하세요.

① Di rumah Anda ada berapa buah kamar?

_____

② Kamar yang paling besar itu untuk siapa?

_____

③ Saya pergi ke mal itu dengan taksi.

_____

④ Saya belajar bahasa Indonesia dengan ibu Yuli.

_____

⑤ Dia sering mengantuk di kelasnya.

_____


**2**  전치사를 사용하여 한국어 문장을 인도네시아어로 번역하세요.

① 그녀는 그 책에 대해서 이미 알고 있습니다.

_____

② 당신은 인도네시아어를 어디에서 공부합니까?

_____

③ 저는 친구들과 인도네시아에 가본 적이 있습니다.

_____

④ 알리사는 이미 그 장소로 출발하였습니다.

_____

⑤ 여기에서 학교까지 얼마나 시간이 걸립니까?

_____

# Saya Menonton Televisi Sebelum Tidur

저는 자기 전에 텔레비전을 시청합니다

핵심
문법
표현
!

**1**

Saya menonton televisi sebelum tidur.
저는 자기 전에 텔레비전을 시청합니다

**2**

Bapak Deni masih ada di kantor atau sudah keluar?
데니 씨는 아직 사무실에 있습니까 혹은 이미 나갔습니까?

**3**

Dia sedang sakit maka dia harus minum obat.
그는 아파서 약을 먹어야 합니다

**4**

Saya tidak bisa makan karena puasa.
저는 금식 때문에 식사할 수가 없습니다

🎧 7-1

Alisa: Setelah pulang kantor, Bapak Juwon biasanya melakukan apa?

Ju Won: Biasanya saya bermain dengan anak-anak saya. Bagaimana dengan Ibu Alisa?

Alisa: Biasanya saya memasak makan malam untuk keluarga saya. Waktu saya memasak, suami saya membersihkan rumah.

Ju Won: Kalau saya setelah anak-anak saya tidur, saya mengobrol dengan istri.

Alisa: Bagus. Saya menonton televisi sebelum tidur.

알리사: 퇴근 후에, 주원 씨는 보통 무엇을 하세요?

주원: 보통 저는 제 아이들과 놀아요. 알리사 씨는 어떠세요?

알리사: 보통 저는 제 가족들을 위해서 요리를 해요. 제가 요리할 때 제 남편은 집을 청소하죠.

주원: 제 경우에는 제 아이들이 잠든 이후에, 저는 아내와 수다를 떨어요.

알리사: 좋네요. 저는 자기 전에 텔레비전을 시청해요.

### KOSAKATA BARU

| | | | |
|---|---|---|---|
| **membersihkan** 청소하다 | **bangun** 일어나다 | **rambut** 머리카락 | **sampah** 쓰레기 |
| **mengobrol** 수다 떨다 | **matahari tenggelam** 해가 지다 | **memakai** 사용하다 | **memberi** 주다 |
| **menonton** 시청하다 | **pengusaha** 사업가 | **jilbab** 히잡 | **tempat tidur** 침대 |
| **pendidikan** 교육 | **melakukan** ~을 행하다 | **membantu** 돕다 | **dulu** 먼저 |
| **bertugas dinas** 출장가다 | **kegiatan** 활동 | **bersantai** 쉬다, 휴식을 취하다 | **piyama** 파자마, 잠옷 |
| **sombong** 거만한 | **sehari-hari** 일상 | **lucu** 재미있는, 웃긴 | **mengatur** 조정하다, 맞추다 |
| **berenang** 수영하다 | **secangkir** 한잔 | **memberitahu** 알려주다 | |
| **berganti** 바꾸다 | **sarapan** 아침식사 하다 | **mencuci piring** 설거지하다 | |
| **marah** 화나다 | **mandi** 씻다, 목욕하다 | **membuang** 버리다 | |
| **tepat waktu** 제시각 | **menyisir** 빗다 | | |
| **mendapat** 얻다, 획득하다 | | | |

## 등위접속사

등위접속사는 '단어, 구, 절, 문장'을 동등하게 연결하는 접속사입니다.

### dan, serta   그리고

Kota Jakarta merupakan kota industri dan ibu kota Indonesia.
자카르타시는 산업도시이며 인도네시아의 수도입니다.

Saya serta bapak itu sedang bertugas dinas ke Inggris.
저와 그분은 영국으로 출장가고 있는 중입니다.

### tetapi   그러나

Restoran itu terkenal untuk makanan tetapi suasananya kurang bagus.
그 레스토랑은 음식으로 유명하지만 분위기는 별로 좋지 않습니다.

Dia mau pindah rumah tetapi kontraknya belum selesai.
그는 이사 가기를 원하지만 계약이 아직 끝나지 않았습니다.

### atau   혹은, 또는

Bapak Deni masih ada di kantor atau sudah pulang?
데니 씨는 아직 사무실에 있습니까 혹은 이미 나갔습니까?

Apakah Anda bisa bermain golf atau tidak?
당신은 골프를 칠 수 있습니까 또는 못 칩니까?

### jadi, maka   그래서

Dia akan bekerja di Indonesia jadi sedang belajar bahasa Indonesia.
그는 인도네시아에서 근무할 거라서 인도네시아어를 배우는 중입니다.

Dia sedang sakit maka dia harus minum obat.
그는 아파서 약을 먹어야 합니다.

### kemudian, lalu   그리고 나서

Saya mandi kemudian berangkat kerja.
저는 씻고 나서 출근을 합니다.

Anak saya berenang di kolam renang lalu berganti baju.
제 아이는 수영장에서 수영을 하고 나서 옷을 갈아입었습니다.

언어는 본능이 아니다.

## 종속접속사

종속접속사는 '단어, 구, 절, 문장'을 종속적으로 연결하는 접속사입니다.

### karena ～때문에, 왜냐하면

Saya tidak bisa makan karena puasa.
저는 금식 **때문에** 식사할 수가 없습니다.

Dia sedang pergi ke rumah sakit karena dia ada demam.
그는 열이 있기 **때문에** 병원으로 가고 있는 중입니다.

### kalau 만일

Kalau dia sudah sampai di sini, tolong beritahu kepada saya.
**만일** 그녀가 여기에 도착한다면, 저에게 이야기해 주세요.

Kalau saya pergi ke Indonesia, saya mau pergi ke kota Bandung.
**만일** 제가 인도네시아에 간다면, 저는 반둥 도시로 가고 싶습니다.

### supaya, agar ～하도록

Kita harus belajar dengan rajin supaya bisa mendapat skor tinggi.
우리는 높은 점수를 받을 수 있**도록** 열심히 공부해야 합니다.

Agar besok bisa cepat bangun, sekarang kamu harus tidur.
내일 일찍 일어나**도록**, 지금 자렴.

### meskipun, walaupun 비록 ～일지라도

Meskipun tidak pernah ke Indonesia, mereka sudah banyak tahu tentang kebudayaan Indonesia.
**비록** 그들은 인도네시아에 가본 적은 없을**지라도**, 이미 인도네시아 문화에 대하여 많이 압니다.

Dia selalu berolahraga walaupun sibuk.
그는 바쁠**지라도** 항상 운동합니다.

## 시간 관련 접속사

### setelah, sesudah ～이후에

Setelah pulang kerja, saya biasanya menonton televisi sambil minum bir.
퇴근 후에, 저는 일반적으로 맥주를 마시며 TV를 봅니다.

Dia masuk sesudah mereka keluar.
그는 그들이 나간 이후에 들어왔습니다.

### sebelum ～이전에

Sebelum berangkat, Anda harus membeli makanan dulu.
출발하기 전에, 당신은 먼저 음식을 사야 합니다.

Pulang ke rumah sebelum matahari tenggelam!
해가 지기 이전에 귀가하시오!

### waktu, ketika ～할 때

Waktu saya kecil, saya ingin menjadi pengusaha.
제가 어렸을 때, 저는 사업가가 되고 싶었습니다.

Saya memasak makan malam ketika suami saya membersihkan rumah.
저는 제 남편이 집을 청소할 때 저녁식사를 요리합니다.

# Bacaan

언어는 질서 속에 짜여진 무늬이다.

🎧 7-2

## Kegiatan Sehari-Hari

Saya selalu bangun jam 5 pagi setiap pagi. Saya minum secangkir teh dan sarapan. Saya biasanya menonton televisi sambil sarapan. Anak-anak saya biasanya mandi setelah mereka sarapan. Istri saya biasanya menyisir rambutnya dan memakai jilbab.

Setelah saya selesai bekerja, saya pulang untuk makan malam. Kami makan malam bersama pada jam 6 lewat 30 menit. Setelah makan malam saya membantu anak-anak saya belajar.

Kemudian saya bersantai di sofa dan menonton televisi. Istri saya biasanya datang untuk memberitahu saya untuk mencuci piring atau membuang sampah. Anak-anak saya memberi makan kucing dan hamster sebelum mereka pergi ke tempat tidur. Sebelum tidur, saya selalu memakai piyama dan mengatur alarm.

**일상 생활**

저는 매일 아침 오전 5시에 항상 일어납니다. 저는 차 한 잔을 마시고 아침식사를 합니다. 저는 보통 아침식사를 먹으면서 텔레비전을 시청합니다. 제 아이들은 보통 그들이 아침식사를 한 이후에 목욕을 합니다. 제 아내는 보통 머리를 빗고 질밥을 사용합니다.

저는 업무가 끝난 이후, 저는 저녁식사를 하러 귀가합니다. 저희는 6시 30분에 함께 저녁식사를 합니다. 저녁식사 후 저는 제 아이들이 공부하는 것을 돕습니다.

그러고 나서 저는 소파에 앉아 쉬면서 텔레비전을 시청합니다. 제 아내는 보통 설거지 혹은 쓰레기 버리는 것을 저에게 알려주기 위해 옵니다. 제 아이들은 잠자리에 가기 전에 고양이와 햄스터 먹이를 줍니다. 자기 전에, 저는 항상 파자마를 입고 알람을 맞춥니다.

 PERTANYAAN

**1**  Jam berapa mereka makan makam?
몇 시에 그들은 저녁식사를 합니까?

**2**  Setelah makan malam dia melakukan apa?
저녁식사 후 그는 무엇을 합니까?

## 특성 kata sifat

| | | | | |
|---|---|---|---|---|
| ☐ buruk | 나쁜 | ☐ bersih | 깨끗한 |
| ☐ gelap | 어두운 | ☐ sulit | 어려운 |
| ☐ kotor | 더러운 | ☐ kering | 건조한 |
| ☐ mudah | 쉬운 | ☐ kosong | 비어있는 |
| ☐ mahal | 비싼 | ☐ cepat | 빨리 |
| ☐ asing | 낯선 | ☐ penuh | 가득한/완전한 |
| ☐ baik | 좋은 | ☐ keras | 단단한/견고한 |
| ☐ berat | 무거운 | ☐ murah | 저렴한 |
| ☐ ringan | 가벼운 | ☐ baru | 새로운 |
| ☐ berisik | 시끄러운 | ☐ tua | 오래된/낡은 |
| ☐ kuat | 강한 | ☐ tenang/sepi | 조용한 |
| ☐ benar/betul | 올바른 | ☐ lambat/pelan | 느린/천천히 |
| ☐ lembut | 부드러운 | ☐ lemah | 약한 |
| ☐ basah | 젖은 | ☐ salah | 잘못된/틀린 |
| ☐ muda | 젊은/어린 | ☐ terbiasa | 익숙한 |

**1** 다음 접속사를 사용하여 문장을 만들어 보세요.

❶ tetapi

_____

❷ kemudian

_____

❸ waktu

_____

**2** 다음 빈칸에 알맞은 접속사 단어를 넣어 문장을 완성해 보세요.

❶ Saya belajar bahasa Indonesia _____ dia membaca buku.

저는 인도네시아어를 공부하고 그녀는 책을 읽습니다.

❷ _____ selesai bekerja, saya akan pulang ke rumah.

일을 마친 후에, 저는 귀가할 것입니다.

❸ Saya lapar _____ tidak ada makanan.  저는 배가 고프지만 음식이 없습니다.

❹ _____ sarapan, dia langsung keluar.  아침식사 한 이후에, 그는 바로 나갔습니다.

**3** 다음 제시된 접속사가 사용된 단어로 문장을 만들어 보세요.

❶ 저는 매우 아프기 때문에 일을 할 수가 없습니다. [karena]

_____

❷ 만일 인도네시아에 간다면, 저는 친구를 만나고 싶습니다. [kalau]

_____

❸ 높은 점수를 받도록 저는 열심히 공부해야 합니다. [supaya]

_____

❹ 저는 약속이 있어서 백화점에 갑니다. [jadi]

_____

다음 상황을 읽고 알맞은 접속사 단어를 넣어 빈칸을 채워 보세요.

**❶**

남자가 여자에게 무엇을 주문할지 묻자, 여자는 볶음국수와 커피를 주문하겠
다고 대답한다.

A: Anda mau pesan apa?

B: Saya mau pesan mi goreng _____ kopi.

**❷**

남자가 여자에게 반둥에 가면 무엇을 하고 싶은지 묻자, 남자는 화산에 가고
싶다고 대답한다.

A: _____ Anda pergi ke Bandung, Anda mau melakukan apa?

B: _____ saya pergi ke Bandung, saya mau berkunjung ke gunung berapi.

**❸**

남자가 배를 움켜쥐고 길을 가고 있는 모습을 보고 여자가 어디 가냐고 묻자,
남자는 병원에 간다고 대답한다.

A: Anda sedang pergi ke mana?

B: Saya sedang pergi ke rumah sakit _____ sakit perut.

**❹**

여자가 남자에게 점심식사 후에 무엇을 하고 싶은지 묻자, 남자는 차를 마시고
싶다고 대답한다.

A: _____ makan siang, Anda mau apa?

B: _____ makan siang, saya mau minum teh.

# Mendengar

경청은 지혜의 특권이다.

🎧 7-3

**1** Alisa와 Ju Won의 대화를 듣고 빈칸을 채운 뒤 큰 소리로 따라 읽어 보세요.

> Alisa: _____ pulang kantor, Bapak Juwon biasanya melakukan apa?
>
> Ju Won: Biasanya saya bermain dengan anak-anak saya. Bagaimana dengan Ibu Alisa?
>
> Alisa: _____ saya memasak makan malam untuk keluarga saya. _____ saya memasak, suami saya membersihkan rumah.
>
> Ju Won: _____ saya setelah anak-anak saya tidur, saya mengobrol dengan istri.
>
> Alisa: Bagus. Saya menonton televisi _____ tidur.

**2** 녹음을 듣고 빈칸을 채워 보세요.

① Saya akan beristirahat _____ pulang kerja.

② Dia sudah tidur _____ sangat capai.

③ Anda harus mencuci tangan dulu _____ makan.

④ Biasanya saya bangun pada jam 7 pagi _____ sarapan.

**1** 접속사를 사용하여 인도네시아어 문장을 해석하세요.

① Setelah tiba di rumah, saya langsung tidur.

_____

② Dia datang ke sini setelah istrinya berangkat.

_____

③ Mereka akan menonton film sebelum pulang.

_____

④ Ketika mereka berapat, saya membuat laporan.

_____

⑤ Apakah Anda mau duduk atau berdiri?

_____


**2** 접속사를 사용하여 한국어 문장을 인도네시아어로 번역하세요.

① 그는 친구를 만나고 다시 사무실로 왔습니다.

_____

② 만일 제가 그곳에 간다면 저는 쇼핑을 하고 싶습니다.

_____

③ 인도네시아 사람들과 말할 수 있도록 저는 열심히 공부할 것입니다.

_____

④ 비록 바쁘지만, 그녀는 이곳을 방문하였습니다.

_____

⑤ 그는 영리하기 때문에 인도네시아어를 잘합니다.

_____

## Pelajaran 08

# Penyanyi Itu Digemari oleh Banyak Penggemar

그 가수는 많은 팬들에 의하여 사랑받습니다

핵심
문법
표현

**1**

**Penyanyi itu** digemari oleh **banyak penggemar.**
그 가수는 많은 팬들에 의하여 사랑받습니다

**2**

**Mobil ini** Anda cuci.
이 차는 당신이 세차합니다

**3**

**Yang sedang berbicara itu** adalah teman saya.
이야기하고 있는 사람은 제 친구입니다

**4**

**Kita akan bertemu di** kafe yang nyaman dan bagus.
우리는 편안하고 좋은 카페에서 만날 예정입니다

🎧 8-1

| | |
|---|---|
| Ju Won: | Ibu Alisa suka penyanyi Korea? |
| Alisa: | Iya, saya suka sekali penyanyi Korea. Saya paling suka BTS! |
| Ju Won: | Oh, penyanyi itu digemari oleh banyak penggemar. |
| Alisa: | Betul. Mereka sangat terkenal di seluruh dunia. Bagaimana dengan Bapak Juwon? |
| Ju Won: | Kalau saya, saya paling suka EXO. Saya suka penyanyi yang pandai menyanyi dan menari! |
| Alisa: | BTS juga pandai! |

| | |
|---|---|
| 주원: | 알리사 씨는 한국 가수를 좋아하나요? |
| 알리사: | 네, 저는 한국 가수를 정말 좋아해요. 저는 BTS를 가장 좋아해요! |
| 주원: | 오, 그 가수는 많은 팬들에 의해 사랑받아요. |
| 알리사: | 맞아요. 그들은 전 세계에서 매우 유명하죠. 주원 씨는 어떤가요? |
| 주원: | 제 경우에는, 저는 EXO를 가장 좋아합니다. 저는 노래를 잘하고 춤을 잘 추는 가수를 좋아해요! |
| 알리사: | BTS도 잘해요! |

### KOSAKATA BARU

**penyanyi** 가수
**digemari** 사랑받다
**oleh** ~에 의하여
**penggemar** 팬
**terkenal** 유명한
**menyanyi** 노래하다
**menari** 춤추다
**memiliki** 가지다, 소유하다
**istimewa** 특별한
**anting** 귀걸이
**pintar** 영리한, ~을 잘하는
**segelintir** 무리, 소규모 그룹
**sorotan** 스포트라이트, 조명
**pembicaraan** 대화의 주제
**masyarakat** 사회
**umum** 일반, 공공, 대중
**marak** 빛나다
**terasa** 느껴지다
**lumrah** 평범한, 일상적인
**sebutan** 호칭, 명명
**bagi** ~에게, 부분, 나누다
**bukan hanya A – tetapi B** A뿐만 아니라 B도
**perhatian** 관심
**sebagian besar** 대부분, 많은 부분
**menyatakan** 말하다, 언급하다
**bahwa** ~한 것
**wajah** 얼굴
**lagu** 노래
**dibilang** 말해지는
**berwajah** 얼굴을 가지고 있는

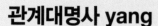

# Tata Bahasa

언어는 본능이 아니다.

## 관계대명사 yang

'Yang'은 대명사로 사용하는 경우와 접속사로 사용하는 경우로 구분합니다. 대명사 yang의 경우 하나의 명사구를 구성하여 '~한 것', '~한 사람'으로 해석할 수 있습니다. 즉, 앞에 선행사 없이 사용합니다. 접속사 yang의 경우 앞의 선행사를 수식하여 명사구를 확장시키고 복합문을 구성할 때 사용합니다.

## 1 대명사 yang: 선행사 없이 사용된 경우

대명사 yang은 주로 여럿 중에서 하나를 정확하게 짚어서 묘사할 때 사용하며, 지시사 itu가 명사구의 맨 뒤에 위치하여 영어의 정관사 the 역할을 하게 되며 해석하지 않습니다.

Yang sedang berbicara itu adalah teman saya.
이야기하고 있는 사람은 제 친구입니다.

Yang ada di meja itu adalah buku saya.
책상에 있는 것은 제 책입니다.

Yang cantik itu anting saya.
예쁜 것은 제 귀걸이입니다.

Yang berwarna putih dan mewah itu adalah baju saya.
흰색이고 화려한 것은 제 옷입니다.

## 2 접속사 yang: 앞의 선행사를 수식하는 경우

Wanita yang tinggi dan cantik itu adalah pacar saya.
키가 크고 예쁜 저 여인은 제 애인입니다.

Kita akan bertemu di kafe yang nyaman dan bagus.
우리는 편안하고 좋은 카페에서 만날 예정입니다.

Anak yang sedang menyeberang itu adalah Putri.
길을 건너고 있는 저 아이는 뿌뜨리입니다.

Mereka pergi ke tempat perbelanjaan yang paling besar di Jakarta.
그들은 자카르타에서 가장 큰 쇼핑센터로 갑니다.

# Tata Bahasa

## 수동태

수동태는 다음과 같이 4개의 방법으로 표현할 수 있습니다.

### 1 주어가 1, 2인칭인 경우: 능동형 문장의 목적어를 주어로 한 후, 이어서 능동형 문장의 주어와 동사의 어근이 위치합니다.

Saya membeli barang elektronik itu. 저는 그 전자제품을 삽니다.

→ Barang elektronik itu saya beli. 그 전자제품은 제가 삽니다.

Anda mencuci mobil ini. 당신은 이 차를 세차합니다.

→ Mobil ini Anda cuci. 이 차는 당신이 세차합니다.

### 2 주어가 3인칭인 경우: 능동형의 목적어 + di동사어근 + oleh + 능동형의 주어

Mereka membaca buku itu. 그들은 그 책을 읽습니다.

→ Buku itu dibaca oleh mereka. 그 책은 그들에 의해 읽혀집니다.

Dia memakai sepatu baru itu. 그는 그 새 신발을 신습니다.

→ Sepatu baru itu dipakai oleh dia. 그 새 신발은 그에 의해 신어집니다.

### 3 ter-: 의도하지 않은 수동 행위를 의미

Pintu itu tertutup. 그 문은 닫혀졌습니다.

Saya tertidur. 저는 졸았습니다.

### 4 ke-an: '당하다'의 의미

Dia kehujanan. 그는 비를 맞았습니다.

Dia kecurian dompetnya. 그는 그의 지갑을 도둑맞았습니다.

> **잠깐!**
>
> 수동태 문장을 만들 때는 문장의 동사로 반드시 동사어근을 사용해야 합니다. 인도네시아어 문법에서 동사는 원형동사, 접두사 me-, 접두사 ber-로 구분할 수 있습니다.
>
> 접두사 ber-의 경우 동사어근 앞에 ber-가 붙기 때문에 어근을 찾는 것이 어렵지 않습니다. 하지만 접두사 me-의 경우 6가지(me-, mem-, men-, meng-, meny-, menge-)로 변형됩니다. 이와 관련한 자세한 문법은 다음 9과에서 학습해 보도록 하겠습니다.

# Bacaan

언어는 질서 속에 짜여진 무늬이다.

🎧 8-2

## Budaya K-POP

Siapa yang tidak pernah mendengar Korea pop?

Tentu saja hanya segelintir kecil orang yang tidak pernah mendengar itu. Korea pop atau biasa disebut dengan K-POP sekarang sedang menjadi sorotan dan pembicaraan di masyarakat umum. Trend K-POP marak khususnya di kalangan remaja.

Lagu-lagu Korea sudah terasa lumrah di mulut para K-POPERS sebutan bagi para K-POP *lovers*. Bukan hanya lagu-lagu korea yang mereka sukai dari K-POP, tetapi wajah-wajah penyanyi menjadi hal yang menarik perhatian bagi para K-POPERS. Sebagian besar menyatakan bahwa mereka menyukai Korea pertama dari wajah-wajah aktor atau penyanyi yang bisa dibilang berwajah "*flower boy*" atau lelaki cantik.

Kini, wajah-wajah seperti itulah yang menjadi ukuran wajah yang sempurna. Bagi para k-popers pria, mereka mengubah pandangan tipe ideal mereka menjadi seperti para aktris atau penyanyi wanita Korea.

K-POP 문화

누가 한국 팝을 들어본 적이 없을까요?

물론 단지 적은 사람만이 그것을 들어본 적이 없을 것입니다. 한국 팝 혹은 보통 K-POP으로 언급되는 것은 현재 일반 사회에서 이유와 주제가 되고 있습니다. K-POP 유행은 특히 젊은층에서 떠오르고 있습니다.

한국 노래들은 K-POP 러버들로 불리는 K-POPERS의 입에 일상이 되었습니다. K-POP에서 그들이 좋아하는 한국 노래들뿐만 아니라 가수의 얼굴들 역시 K-POPERS의 관심을 끄는 요인이 되었습니다. 대부분이 "flower boy" 혹은 예쁜 남자 얼굴로 불릴 수 있는 배우 얼굴 혹은 가수들 얼굴로 인해 처음 한국을 좋아하게 되었다고 이야기합니다.

현재, 그와 같은 얼굴들이 완벽한 얼굴의 사이즈가 되었습니다. 남성 k-popers의 경우, 그들은 그들의 이상형 가치를 한국 여성 가수 혹은 배우와 같도록 바꾸었습니다.

PERTANYAAN

**1** K-POP *lovers* menyukai Korea pertama dari apa?

K-POP 러버들은 무엇으로부터 처음 한국을 좋아하게 되었습니까?

_____

**2** Kalangan apa yang paling suka K-POP?

어떤 층이 K-POP을 가장 좋아합니까?

_____

## 직업 pekerjaan

| | | |
|---|---|---|
| ☐ | dosen(profesor) | 교수 |
| ☐ | guru | 교사, 선생님 |
| ☐ | mahasiswa | 대학생(남) |
| ☐ | mahasiswi | 대학생(여) |
| ☐ | pelajar | 학생 |
| ☐ | pegawai kantor | 회사원(사무직) |
| ☐ | karyawan | 직장인 |
| ☐ | manajer | 매니저 |
| ☐ | koki | 요리사 |
| ☐ | atlet | 운동선수 |
| ☐ | dokter | 의사 |
| ☐ | perawat(suster) | 간호사 |
| ☐ | pedagang | 상인 |
| ☐ | penyanyi | 가수 |
| ☐ | aktor | 배우 |
| ☐ | pemusik | 음악가 |
| ☐ | polisi | 경찰 |
| ☐ | sopir | 운전수 |
| ☐ | tentara | 군인 |
| ☐ | petani | 농부 |

## 신체 tubuh

| | | |
|---|---|---|
| ☐ | badan | 몸 |
| ☐ | kepala | 머리 |
| ☐ | rambut | 머리카락 |
| ☐ | mata | 눈 |
| ☐ | hidung | 코 |
| ☐ | telinga(kuping) | 귀 |

| | | |
|---|---|---|
| ☐ | leher | 목 |
| ☐ | mulut | 입 |
| ☐ | gigi | 치아 |
| ☐ | bibir | 입술 |
| ☐ | rahang | 턱 |
| ☐ | dada | 가슴 |
| ☐ | kulit | 피부 |
| ☐ | lidah | 혀 |
| ☐ | jari kaki | 발가락 |
| ☐ | paru-paru | 폐 |
| ☐ | bronkus | 기관지 |
| ☐ | lambung | 위 |
| ☐ | bahu(pundak) | 어깨 |
| ☐ | punggung | 등 |
| ☐ | pinggang | 허리 |
| ☐ | pantat | 엉덩이 |
| ☐ | tangan | 손 |
| ☐ | kaki | 다리 |
| ☐ | paha | 허벅지 |
| ☐ | lutut | 무릎 |
| ☐ | siku | 팔꿈치 |
| ☐ | tumit | 발뒤꿈치 |
| ☐ | perut | 배 |
| ☐ | otot | 근육 |
| ☐ | tulang | 뼈 |
| ☐ | jari tangan | 손가락 |
| ☐ | darah | 피 |
| ☐ | usus besar | 대장 |
| ☐ | hati | 간 |
| ☐ | jantung | 심장 |

# Latihan

반복이 언어 성장의 힘이다.

**1** 다음 관계대명사와 수동태 단어를 사용하여 문장을 만들어 보세요.

❶ yang

_____

❷ dipakai oleh

_____

❸ tertutup

_____


**2** 다음 빈칸에 알맞은 수동태 단어를 넣어 문장을 완성해 보세요.

❶ Film itu _____ oleh dia.  그 영화는 그녀에 의해 봐졌습니다(그녀가 보았습니다).

❷ Mereka _____ oleh gurunya.  그들은 선생님에 의해 불려졌습니다.

❸ Nasi goreng _____ oleh ibunya.  볶음밥은 그의 어머니에 의해 요리되었습니다.

❹ Buku itu _____ oleh mereka.  그 책은 그들에 의해 집어졌습니다(그들이 집었습니다).


**3** 다음 제시된 관계대명사가 사용된 단어로 문장을 만들어 보세요.

❶ 저는 크고 넓은 집을 좋아합니다. [yang]

_____

❷ 그는 재미있는 책을 읽습니다. [yang]

_____

❸ 내가 좋아하는 색깔은 노란색입니다. [yang]

_____

❹ 가장 좋은 것은 그것입니다. [yang]

_____

다음 상황을 읽고 알맞은 관계대명사와 수동태 단어를 넣어 빈칸을 채워 보세요.

**❶**

남자가 지저분한 옷을 하나 들고 있는 것을 본 여자가 남자에게 그 옷을 빨아야 한다고 말하자, 남자는 빨 것이라고 대답한다.

A: Pakaian itu harus _____ !

B: Ya, saya akan mencuci pakaian itu.

**❷**

여자가 남자에게 남자의 집에 대해 묻자, 남자는 회색 집이 자신의 집이라고 대답한다.

A: Rumah Anda yang mana?

B: Rumah saya adalah rumah _____ berwarna abu-abu.

**❸**

남학생이 교실에서 졸고 있는 것을 선생님이 보고 뭐 하는지 묻자, 남학생은 어제 잠을 못 자서 졸았다고 사과한다.

A: Anda sedang apa?

B: Maaf. Kemarin saya tidak tidur jadi saya _____ .

**❹**

남자가 여자에게 요즘 무슨 음악이 인기 있는지 묻자, 여자는 빠르고 듣기 편안한 음악이 인기 있다고 대답한다.

A: Akhir-akhir ini musik apa yang populer?

B: Akhir-akhir ini musik _____ cepat dan enak didengar itu yang populer.

# Mendengar

🎧 8-3

**1**  Alisa와 Ju Won의 대화를 듣고 빈칸을 채운 뒤 큰 소리로 따라 읽어 보세요.

> Ju Won: Ibu Alisa suka _____ Korea?
>
> Alisa:  Iya, saya suka sekali penyanyi Korea. Saya paling suka BTS!
>
> Ju Won: Oh, penyanyi itu _____ _____ banyak penggemar.
>
> Alisa:  Betul. Mereka sangat _____ di seluruh dunia. Bagaimana dengan Bapak Juwon?
>
> Ju Won: Kalau saya, saya paling suka EXO. Saya suka penyanyi _____ _____ menyanyi dan menari!
>
> Alisa:  BTS juga _____!

**2**  녹음을 듣고 빈칸을 채워 보세요.

❶ Surat itu Anda _____.

❷ Coca-cola itu saya _____.

❸ Lukisan itu Anda _____.

❹ Jendela itu sudah _____.

**1** 관계대명사가 사용된 인도네시아어 문장을 해석하세요.

① Orang yang membaca buku itu adalah teman saya.

_____

② Ibu yang mengajar bahasa Indonesia itu sedang makan malam.

_____

③ Saya paling suka orang yang berasal dari Bandung.

_____

④ Yang mana rumah Anda?

_____

⑤ Yang dia mau adalah barang baru.

_____


**2** 수동태를 사용하여 한국어 문장을 인도네시아어로 번역하세요.

① 아버지 차를 제가 세차했습니다.

_____

② 그 잡지는 제가 샀습니다.

_____

③ 그 가방은 그가 가져가지 않았습니다.

_____

④ 그 서점은 이미 문이 닫혔습니다.

_____

⑤ 어제 저는 비를 맞았습니다.

_____

# Saya Pernah Berbicara dengan Bapak Hadi

저는 하디 씨와 대화해본 적이 있습니다

핵심
문법
표현

**1** Saya pernah berbicara dengan bapak Hadi.
저는 하디 씨와 대화해본 적이 있습니다

**2** Saya turun dari bus.
저는 버스에서 내립니다

**3** Dia berambut pendek.
그녀는 짧은 머리카락을 가지고 있습니다

**4** Dia sudah mengirim email.
그는 이미 이메일을 보냈습니다

🎧 9-1

| | |
|---|---|
| Ju Won: | Apakah Ibu Alisa pernah berbicara dengan bapak Hadi? |
| Alisa: | Tentu saja. Dia rekan sekantor saya. Kenapa? |
| Ju Won: | Karena saya ada rapat dengan dia pada minggu depan, tetapi saya belum kenal. |
| Alisa: | Iya, dia orang yang sangat baik dan ramah. Omong-omong, rapat tentang apa? |
| Ju Won: | Oh, rapat tentang pemasaran produk baru. |
| Alisa: | Oh, begitu. Produk apa? |

| | |
|---|---|
| 주원: | 알리사 씨는 하디 씨와 대화해본 적이 있나요? |
| 알리사: | 물론이죠. 그는 제 사무실 동료예요. 왜요? |
| 주원: | 왜냐하면 제가 다음주에 그와 회의가 있거든요, 하지만 저는 그를 아직 알지 못해요. |
| 알리사: | 네, 그는 매우 착하고 친절한 사람이에요. 그나저나 무엇에 관한 회의인가요? |
| 주원: | 오, 신제품 마케팅에 관한 회의예요. |
| 알리사: | 오, 그렇군요. 무슨 제품인가요? |

## KOSAKATA BARU

**berbicara** 대화하다, 이야기하다

**tentu saja** 물론

**rekan sekantor** 동료

**rapat** 회의

**kenal** 알다, 교제하다

**ramah** 친절한

**pemasaran** 마케팅

**produk** 제품

**baru** 새로운

**memanggil** 부르다

**perusahaan** 회사

**terbaik** 가장 좋은

**yaitu** 즉

**pasti** 분명히, 틀림없이

**mengenal** 알다

**mengganti** 바꾸다

**cairan** 액체

**tubuh** 신체

**bahan** 재료, 원료

**gula** 설탕

**asam sitrat** 시트르산

**trisodium sitrat** 구연산염

**kalsium laktat** 젖산 칼슘

**magnesium karbonat** 마그네슘

**rasa** 맛

**tentu, memang** 물론, 당연히

**aman** 안전한

**efek samping** 부작용

**siapa pun** 누구든지

**tertarik** 끌리다, 흥미를 느끼다

**ragu-ragu** 주저하다, 망설이다

**menghubungi** 연락하다

**jika** 만약

**mengganggu** 방해하다

**waktu luang** 여가 시간, 쉬는 시간

**ketidaknyamanan** 불편함

# Tata Bahasa

언어는 본능이 아니다.

## 원형동사

인도네시아어 문법에서 동사는 원형동사, 접두사 ber-동사(자동사), 접두사 me-동사(타동사)로 구분할 수 있습니다. 원형동사의 경우 어근만으로 활용되는 동사로 접두사 혹은 접미사 없이 사용됩니다.

Saya turun dari bus.  저는 버스에서 내립니다.
Dia naik mobil itu.  그는 그 자동차를 탑니다.
Saya lahir di Jakarta pada tanggal 23 Juli.  저는 7월 23일에 자카르타에서 태어났습니다.
Anak-anak saya selalu bangun pada jam 6 pagi.  제 자녀들은 항상 아침 6시에 기상합니다.
Saya mau duduk di tempat itu.  저는 저 자리에 앉고 싶습니다.
Lampu kamar saya sudah mati.  제 방의 등은 이미 꺼졌습니다.
Kami ingat dia.  우리는 그를 기억합니다.

## 접두사 ber-

접두사 ber-를 가지는 동사의 대부분은 자동사이며 주로 다음과 같은 3가지 의미를 나타냅니다.

**1 신체와 관련된 명사와 결합하여 '착용하다, 입다, 사용하다'라는 의미**

Dia berseragam waktu bekerja.  그는 일할 때 유니폼을 입습니다.
Ibu itu berkacamata.  그분은 안경을 썼습니다.
Dia berpakaian warna merah.  그녀는 빨간색 옷을 입었습니다.

**2 명사와 결합하여 '소유하다'라는 의미**

Dia bersuami.  그녀는 남편이 있습니다.
Saya beristri.  저는 아내가 있습니다.
Jendela itu berwarna putih.  그 창문은 흰색입니다.

**3 탈 것을 나타내는 명사와 결합하여 '~을 타다'라는 의미**

Bapak itu bersepeda.  그분은 자전거를 탑니다.
Mereka bermobil ke pasar.  그들은 시장으로 자동차를 타고 갑니다.
Dia berkereta.  그녀는 기차를 타고 갑니다.

## 접두사 me-

접두사 me-는 앞서 배운 접두사 ber-와 마찬가지로 주로 동사를 만들 때 쓰는 접두사입니다. 뒤에 결합되는 어근의 품사에 상관없이 접두사 me-와 결합하면 동사가 됩니다. 또한 어근의 기본 뜻을 수행한다는 의미를 갖습니다. 접두사 me-를 가지는 동사는 대부분 타동사이며, 접두사 ber-와는 달리 어근의 첫소리에 따라 6개의 형태로 변합니다.

## 1  me-: 어근의 첫소리가 l, m, n, ny, r, y, w 인 경우

melihat(보다), memasak(요리하다), menikah(결혼하다), menyanyi(노래하다), merawat(돌보다), meyakinkan(확신하다), mewujudkan(이루다)

## 2  mem-: 어근의 첫소리가 b, p, v, f 인 경우 [p 는 생략]

membaca(읽다), memakai(사용하다 - 어근인 pakai에서 p가 생략)

## 3  men-: 어근의 첫소리가 c, d, j, t 인 경우 [t 는 생략]

mencuci(씻다), mendengar(듣다), menjabat(업무를 수행하다), menari(춤추다 - 어근인 tari에서 t가 생략)

## 4  meng-: 어근의 첫소리가 모음, g, h, k 인 경우 [k 는 생략]

mengabadi(지속되다), mengerti(이해하다), mengikat(묶다), mengolah(가공하다), mengundang(초대하다), mengganti(바꾸다), menghantam(협박하다), mengirim(보내다 - 어근인 kirim에서 k가 생략)

## 5  meny-: 어근의 첫소리가 s 인 경우 [s 는 생략]

menyikat(솔질하다 - 어근인 sikat에서 s가 생략), menyimpan(보관하다 - 어근인 simpan에서 s가 생략)

## 6  menge-: 어근이 단음절인 경우

mengepel(걸레질하다 - 어근은 pel), mengecat(칠하다 - 어근은 cat)

# Bacaan

언어는 질서 속에 짜여진 무늬이다.

9-2

## Memperkenalkan Produk Baru

Selamat pagi, Semuanya!

Bagaimana kabar Anda hari ini? Nama saya adalah Destya Vinka, Anda dapat memanggil saya Vinka. Saya dari perusahaan Otsuka.

Saya akan memperkenalkan tentang produk terbaik kami, yaitu Pocari Sweat! Anda pasti sudah mengenal nama Pocari Sweat, bukan? Ya, Pocari Sweat adalah minuman yang dapat mengganti cairan dalam tubuh Anda. Bahan-bahan dari Pocari Sweat adalah air, gula, asam sitrat, trisodium sitrat, kalsium laktat, magnesium karbonat.

Tentunya semua bahan itu aman, tidak menimbulkan efek samping. Oke! Jika siapa pun dari kalian tertarik, jangan ragu-ragu untuk menghubungi saya atau langsung datang ke tempat kami.

Tetapi, jika Anda membeli Pocari Sweat sekarang, maka Anda akan mendapat diskon sampai 10%. Harga Pocari Sweat adalah Rp. 7.000,- jadi Anda hanya akan mendapat harga Rp. 6.300,-.

Saya pikir cukup sekian, terima kasih atas perhatian Anda. Jika mengganggu waktu luang Anda, maaf atas ketidaknyamanannya. Sampai berjumpa lagi!

### 신제품 소개

모두 안녕하세요!

오늘 잘 지내셨나요? 제 이름은 데스띠야 빈까이며, 저를 빈까라고 부르시면 됩니다. 저는 오츠카 회사 직원입니다.

저는 저희의 가장 좋은 제품인 포카리 스웨트를 소개하려고 합니다! 당신은 분명히 포카리 스웨트 이름을 이미 알고 계실 것입니다, 그렇지 않나요? 네, 포카리 스웨트는 당신 몸의 액체를 대체할 수 있는 음료입니다. 포카리 스웨트의 재료들은 물, 설탕, 시트르산, 구연산염, 젖산 칼슘, 마그네슘입니다.

당연히 모든 재료들은 안전하며, 부작용이 발생하지 않습니다. 좋습니다! 만일 여러분 중 누구든지 관심이 있다면, 주저하지 말고 저에게 연락하시거나 혹은 직접 저희 쪽으로 오시면 됩니다.

그러나, 만일 포카리 스웨트를 지금 구매하신다면, 당신은 10%에 달하는 할인을 받으실 수 있습니다. 포카리 스웨트의 가격은 7.000,-루피아이므로 당신은 단지 6.300,-루피아 가격으로 받으실 수 있습니다.

저는 이 정도로 충분하다고 생각되며, 당신의 관심에 감사드립니다. 당신의 개인시간을 방해했다면 불편하게 해드린 점 사과드립니다. 또 만나 뵙겠습니다!

**PERTANYAAN**

**1** Dia memperkenalkan produk apa? 그녀는 무슨 제품을 소개하고 있습니까?

**2** Jika Anda mendapat diskon, harus membayar berapa untuk membelinya? 만일 당신이 할인을 받는다면, 구매할 때 얼마를 내야 합니까?

# Kosakata

## 집 rumah

| | | | | | |
|---|---|---|---|---|---|
| ☐ alamat | 주소 | | ☐ pintu | 문 |
| ☐ apartemen | 아파트 | | ☐ selimut | 이불, 담요 |
| ☐ kompleks (perumahan) | 주택단지 | | ☐ kursi | 의자 |
| ☐ rumah | 집, 주택 | | ☐ lemari | 장롱 |
| ☐ pemilik rumah | 집주인 | | ☐ rak buku | 책장 |
| ☐ penyewa | 세입자 | | ☐ dinding (tembok) | 벽 |
| ☐ uang sewa rumah | 집세 | | ☐ penghisap (alat pembersih) | 청소기 |
| ☐ ruang keluarga | 거실 | | ☐ meja | 책상, 테이블 |
| ☐ kamar | 방 | | ☐ sofa | 소파 |
| ☐ kamar tidur | 침실 | | ☐ karpet | 카펫 |
| ☐ serambi | 베란다 | | ☐ tangga | 계단 |
| ☐ dapur | 부엌 | | ☐ tempat tidur | 침대 |
| ☐ kamar kecil | 화장실 | | ☐ bantal | 베개 |
| ☐ garasi mobil | 차고 | | ☐ bel | 벨, 초인종 |
| ☐ halaman | 마당 | | ☐ laci meja | 서랍 |
| ☐ jendela | 창문 | | ☐ lukisan | 액자, 그림 |
| ☐ televisi | 텔레비전 | | ☐ radio | 라디오 |
| ☐ remote | 리모컨 | | | |
| ☐ lampu | 전등 | | | |

**1** 다음 동사를 사용하여 문장을 만들어 보세요.

❶ bangun

_____

❷ berwarna

_____

❸ melihat

_____

**2** 다음 빈칸에 알맞은 동사를 넣어 문장을 완성해 보세요.

❶ Pria itu _____ _____ . 그 남자는 오토바이를 탑니다.

❷ Kucing saya sudah _____ . 제 고양이는 이미 새끼가 있습니다.

❸ Mawar itu belum _____ . 그 장미는 아직 꽃이 피지 않았습니다.

❹ Mereka _____ di belakang rumah. 그들은 집 뒤에서 놀고 있습니다.

**3** 다음 제시된 동사가 사용된 단어로 문장을 만들어 보세요.

❶ 그는 인도네시아어를 가르칩니다. [mengajar]

_____

❷ 그녀는 요리를 합니다. [memasak]

_____

❸ 그 사람은 자주 나를 돕습니다. [membantu]

_____

❹ 제 친구는 저의 노트북을 사용합니다. [memakai]

_____

다음 상황을 읽고 알맞은 동사 단어를 넣어 빈칸을 채워 보세요.

**❶**
> 여자가 남자에게 오늘 몇 시에 일어났는지 묻자, 남자는 아침 6시에 일어났다고 대답한다.

A: Jam berapa Anda _____ hari ini?

B: Saya _____ jam 6 pagi.

**❷**
> 남자가 여자의 손을 보며 지저분하다고 말하자, 여자는 손을 씻고 싶다고 말한다.

A: Tangan Anda kotor ya!

B: Ya, saya harus _____ tangan.

**❸**
> 한 남자가 다른 남자에게 축구를 자주 하는지 묻자, 자주 하지 않는다고 대답한다.

A: Anda sering _____ sepak bola?

B: Tidak, saya tidak sering _____ sepak bola.

**❹**
> 남자가 여자에게 무엇을 하고 있는지 묻자, 여자는 이메일을 보내고 있다고 대답한다.

A: Anda sedang apa?

B: Saya sedang _____ email.

🎧 9-3

**1**  Alisa와 Ju Won의 대화를 듣고 빈칸을 채운 뒤 큰 소리로 따라 읽어 보세요.

---

Ju Won: Apakah Ibu Alisa pernah ＿＿＿＿＿＿ dengan bapak Hadi?

Alisa: ＿＿＿＿＿＿ ＿＿＿＿＿＿. Dia rekan sekantor saya. Kenapa?

Ju Won: Karena saya ada ＿＿＿＿＿ dengan dia pada ＿＿＿＿＿

＿＿＿＿＿, tetapi saya belum kenal.

Alisa: Iya, dia orang ＿＿＿＿ sangat baik dan ramah. ＿＿＿＿＿＿,

rapat tentang apa?

Ju Won: Oh, rapat tentang ＿＿＿＿＿ produk baru.

Alisa: Oh, begitu. Produk apa?

---

**2**  녹음을 듣고 빈칸을 채워 보세요.

❶ Dia ＿＿＿＿＿ sepeda motornya.

❷ Saya ＿＿＿＿＿ itu.

❸ Dia sudah lama ＿＿＿＿＿ saya.

❹ Dia ＿＿＿＿＿ rambutnya.

**1** 동사가 사용된 인도네시아어 문장을 해석하세요.

❶ Dia mengenal orang itu.

_____

❷ Orang itu mencuri dompet saya.

_____

❸ Ayah saya suka memancing.

_____

❹ Kalau Anda pergi ke toko itu, harus menyeberangi jalan ini dulu.

_____

❺ Dia mengganggu saya.

_____


**2** 동사를 사용하여 한국어 문장을 인도네시아어로 번역하세요.

❶ 저는 그 책을 이해하지 못했습니다.

_____

❷ 저는 그와 대화를 나누고 싶습니다.

_____

❸ 저는 오늘 오후에 그곳에 갈 것입니다.

_____

❹ 그는 이 음식을 매우 좋아합니다.

_____

❺ 그녀의 여동생은 그곳에 이미 도착했습니다.

_____

**Pelajaran**
# 10

# Bapak Itu Suka Merokok

그분은 담배 피우는 것을 좋아합니다

핵심 문법 표현 ❗

**1**

**Bapak itu suka merokok.**

그분은 담배 피우는 것을 좋아합니다

**2**

**Kesehatan dia sudah membaik.**

그의 건강은 이미 좋아지게 되었습니다

**3**

**Dia suka menyanyi.**

그는 노래하는 것을 좋아합니다

**4**

**Istri saya menyambal di dapur.**

제 아내는 부엌에서 삼발을 만듭니다

# 대화

인류는 소통하였기에 생존하였다.

# Percakapan

🎧 10-1

| | |
|---|---|
| Alisa: | Bapak sudah mendengar kabar bapak Agus? |
| Ju Won: | Belum, ada apa? |
| Alisa: | Dia sedang sakit kanker paru-paru, jadi dia terpaksa berhenti kerja juga. |
| Ju Won: | Aduh, kasihan. Saya pernah bekerja dengan dia, waktu itu bapak itu suka merokok. |
| Alisa: | Betul. Sudah lama dia merokok, hampir 30 tahun. Rokok memang tidak bagus untuk kesehatan. |
| Ju Won: | Tentu saja. |

| | |
|---|---|
| 알리사: | 아구스 씨 소식을 들으셨나요? |
| 주원: | 아니요, 무슨 일인가요? |
| 알리사: | 그는 폐암으로 아픈 상태예요, 그래서 어쩔 수 없이 일도 중단했어요. |
| 주원: | 어머나, 안타깝군요. 저는 그와 일을 한 적이 있는데 그때도 그분은 담배 피우는 것을 좋아했어요. |
| 알리사: | 맞아요. 그는 담배 피운 지 오래되었어요, 거의 30년이요. 담배는 건강에 당연히 좋지 않아요. |
| 주원: | 물론이죠. |

## KOSAKATA BARU

**mendengar** 듣다
**kanker** 암
**paru-paru** 폐
**terpaksa** 어쩔 수 없이
**berhenti** 멈추다, 중단하다
**kasihan** 안타까운, 불쌍한
**waktu** ~때, 시간
**hampir** 거의
**memang** 당연히
**kesehatan** 건강
**tentu saja** 물론이다
**ideal** 이상, 이상적인
**bersenang-senang** 즐기다
**bersantai** 쉬다, 휴식을 취하다
**terletak** 위치하다
**pusat** 중심
**menyediakan** 준비하다, 확보하다
**akses** 진입, 접근
**obyek wisata** 관광지
**menawarkan** 제시하다, 제안하다
**destinasi** 목적지
**wajib** 의무
**berbagai** 다양한, 여러 종류의
**memaksimalkan** 극대화하다, 최대화하다
**pengalaman** 경험
**menginap** 묵다, 숙박하다
**layanan** 서비스
**tempat umum** 공공장소
**akomodasi** 숙박시설
**secara** ~한 방법으로
**cermat** 세심한, 면밀한
**kenyamanan** 편리, 편안

# Tata Bahasa

문법

언어는 본능이 아니다.

접두사 me-는 9과에서 배운 것처럼 6개의 형태로 변화하며 대부분 타동사가 됩니다. 일반적으로 어근의 뜻을 수행하는 의미를 나타내지만, 예외적으로 목적어가 없는 자동사로 쓰이는 경우도 있습니다. 이번 과에서는 자동사로 쓰이는 경우를 학습하겠습니다.

## 접두사 me-의 자동문 활용

## 1 자동사로 쓰이는 접두사 me-

Saya mau menjadi guru.
저는 선생님이 되고 싶습니다.

어근: jadi ~이 되다

Dia suka menyanyi.
그는 노래하는 것을 좋아합니다.

어근: nyanyi 노래하다

Setiap hari ayah saya memasak.
매일 아침 저의 아버지는 요리합니다.

어근: masak 요리하다

Banyak orang Indonesia pandai menari.
많은 인도네시아 사람들은 춤을 잘 춥니다.

어근: tari 춤추다

## 2 me- + 형용사/명사

접두사 me-는 보통 형용사/명사와 결합하면 '~이 되다'라는 의미가 됩니다. 이는 '되다'의 의미인 동사 'menjadi'로 대체해서 사용할 수 있습니다.

Kesehatan dia sudah membaik.
그의 건강은 이미 좋아지게 되었습니다.

어근: baik 좋은

Balon itu membesar.
그 풍선은 커지게 되었습니다.

어근: besar 큰

Cinta mereka mengabadi.
그들의 사랑은 영원하게 되었습니다.

어근: abadi 영원한

Bunga itu sedang memerah.
그 꽃은 빨갛게 되고 있습니다.

어근: merah 빨간

## 3 '먹다', '마시다', '소비하다' 의미

접두사 me-는 명사와 결합하여 '먹다', '마시다', '소비하다'라는 의미를 가지기도 합니다. 이는 '먹다'의 의미인 'makan', '마시다'의 의미인 'minum', '소비하다'의 의미인 'mengonsumsi'로 대체해서 사용할 수 있습니다.

Bapak itu suka merokok.
그분은 담배 피우는 것을 좋아합니다.

어근: rokok 담배

Setiap pagi mereka mengopi di kafe.
매일 아침 그들은 커피를 마십니다.

어근: kopi 커피

Saya mau menyate untuk sarapan.
저는 아침식사로 꼬치를 먹고 싶습니다.

어근: sate 꼬치

Kambing itu merumput.
그 염소는 풀을 먹습니다.

어근: rumput 풀

## 4 '만들다' 의미

접두사 me-는 명사와 결합하여 '만들다'라는 의미를 가지기도 합니다. 이는 '만들다'의 의미인 'membuat'으로 대체해서 사용할 수 있습니다.

Istri saya menyambal di dapur.
제 아내는 부엌에서 삼발을 만듭니다.

어근: sambal 삼발

Koki itu menyayur.
그 요리사는 채소요리를 만듭니다.

어근: sayur 채소

Anak saya suka sekali gulai jadi saya sedang menggulai untuk dia.
제 아이는 카레를 매우 좋아해서 저는 지금 카레를 만들고 있습니다.

어근: gulai 카레

Dia sering merujak karena keluarganya suka buah-buahan.
그녀의 가족은 과일들을 좋아하기 때문에 그녀는 자주 과일샐러드를 만듭니다.

어근: rujak 과일샐러드

🎧 10-2

## Malioboro Garden Hotel

Hotel yang ideal untuk bersenang-senang dan bersantai, Malioboro Garden Hotel Yogyakarta terletak di area Pusat Kota Yogyakarta. Terletak hanya 100 m dari jalan Malioboro. Malioboro Garden Hotel memiliki lokasi yang bagus dan menyediakan akses ke obyek wisata terbesar di kota ini. Dengan lokasinya yang strategis, Malioboro Garden Hotel menawarkan akses mudah ke destinasi yang wajib dikunjungi di kota ini.

Malioboro Garden Hotel Yogyakarta juga menawarkan berbagai fasilitas untuk memaksimalkan pengalaman menginap Anda di Yogyakarta. Resepsionis 24 jam, layanan kamar 24 jam, Wi-fi di tempat umum, kamar untuk keluarga hanyalah beberapa dari fasilitas yang membedakan Malioboro Garden Hotel Yogyakarta dengan hotel-hotel lain di kota ini.

Fasilitas hotel telah dipilih secara cermat demi kenyamanan maksimal dengan adanya akses internet WiFi (gratis), kamar bebas asap rokok, AC, meja tulis, telepon di beberapa kamar. Apapun tujuan kunjungan Anda, Malioboro Garden Hotel Yogyakarta adalah pilihan istimewa untuk menginap di Yogyakarta.

**말리오보로 가든 호텔**

휴식과 즐기기에 이상적인 호텔인 말리오보로 가든 호텔 족자카르타는 족자카르타 시 중심 지역에 위치해 있습니다. 말리오보로 거리에서 단지 100m 거리에 위치합니다. 말리오보로 가든 호텔은 좋은 위치를 가지고 있으며 이 도시에서 가장 큰 관광지로의 접근성을 확보하고 있습니다. 전략적인 위치로, 말리오보로 가든 호텔은 이 도시에서 방문해야 할 의무가 있는 목적지로 편리하게 접근을 제안합니다.

말리오보로 가든 호텔 족자카르타는 또한 족자카르타에서 당신이 숙박하는 경험을 최대화할 수 있도록 여러 시설을 제시합니다. 24시간 리셉션, 24시간 룸서비스, 공공장소에서의 와이파이, 가족을 위한 룸 등은 이 도시의 다른 호텔들과 말리오보로 가든 호텔 족자카르타를 차별화하는 몇몇 시설입니다.

호텔의 시설은 몇몇 방에서의 전화, 책상, 에어컨, 금연룸, 인터넷와이파이(무료) 접근 등으로 최대화된 편안함으로 세심하게 선정되었습니다. 당신의 방문 목적이 무엇이든지 간에, 말리오보로 가든 호텔 족자카르타는 족자카르타에서 묵는 특별한 선택이 될 것입니다.

**PERTANYAAN**

**1  Malioboro Garden Hotel terletak di mana?**
말리오보로 가든 호텔은 어디에 위치해 있습니까?

_____

**2  Malioboro Garden Hotel memiliki fasilitas apa?**
말리오보로 가든 호텔은 무슨 시설을 가지고 있습니까?

_____

_____

# Kosakata

## 호텔 hotel

| | | |
|---|---|---|
| ☐ | cek in | 체크인하다 |
| ☐ | cek out | 체크아웃하다 |
| ☐ | resepsi | 리셉션 |
| ☐ | lobi | 로비 |
| ☐ | lift | 엘리베이터 |
| ☐ | koridor | 복도 |
| ☐ | kasir | 계산대 |
| ☐ | untuk satu orang | 싱글 |
| ☐ | untuk dua orang | 트윈, 더블 |
| ☐ | servis | 서비스 |
| ☐ | reservasi(memesan) | 예약하다 |
| ☐ | menukar uang | 환전하다 |

## 은행 bank

| | | |
|---|---|---|
| ☐ | kartu kredit | 신용카드 |
| ☐ | mesin ATM | 현금 인출기 |
| ☐ | loket | 창구 |
| ☐ | peminjaman | 대출 |
| ☐ | transfer uang | 계좌이체하다 |
| ☐ | transaksi | 거래 |
| ☐ | tanda terima | 영수증 |
| ☐ | rekening | 계좌 |
| ☐ | membuka rekening | 계좌를 개설하다 |
| ☐ | nomor rekening | 계좌번호 |
| ☐ | bukti pembayaran | 지불증 |
| ☐ | ongkos kirim uang | 송금수수료 |
| ☐ | nomor PIN | 비밀번호 |
| ☐ | menanda tangan | 서명하다 |
| ☐ | uang | 돈 |
| ☐ | kartu identitas | 신분증 |

# Latihan

**1**  다음 접두사 me-의 자동문 활용이 사용된 단어로 문장을 만들어 보세요.

❶ menjadi

_____

❷ mengecil

_____

❸ mengopi

_____


**2**  다음 빈칸에 알맞은 접두사 me- 단어를 넣어 문장을 완성해 보세요.

❶ Pendapatannya _____.  그의 소득은 커졌습니다.

❷ Wajahnya _____ sekarang.  그의 얼굴은 지금 빨갛게 되었습니다.

❸ Sejarah negara itu _____.  그 국가의 역사는 영원하게 되었습니다.

❹ Saya belajar _____ dari ibu saya.  저는 저의 어머니로부터 삼발 만드는 것을 배웁니다.


**3**  다음 제시된 접두사 me-가 사용된 단어로 문장을 만들어 보세요.

❶ 그는 요리하는 것을 좋아합니다. [memasak]

_____

❷ 제 가족들은 자주 사떼를 먹습니다. [menyate]

_____

❸ 저는 담배를 피워본 적이 없습니다. [merokok]

_____

❹ 인도네시아 사람들은 집에서 카레를 만듭니다. [menggulai]

_____

말할 권리는 절대 옹호한다.

# Berbicara

다음 상황을 읽고 알맞은 접두사 me- 단어를 넣어 빈칸을 채워 보세요.

**1** 남자와 여자가 건너편 무대에서 춤을 추고 있는 '야니'를 가리키며 대화하고 있다.

A: Yani yang sedang _____ di depan itu!

B: Ya, bagus sekali!

**2** 여자가 남자에게 담배를 피우는지 묻자, 남자는 담배를 피우지 않는다고 대답한다.

A: Apakah Anda _____?

B: Tidak, saya tidak _____.

**3** 남자가 여자에게 사무실 상황이 어떤지 묻자, 여자는 좋아졌다고 대답한다.

A: Bagaimana situasi kantor sekarang?

B: Sudah _____.

**4** 남자가 여자에게 커피를 마시고 싶은지 묻자, 여자는 이미 마셨다고 대답한다.

A: Anda mau _____?

B: Tidak, saya sudah _____.

# Mendengar

🎧 10-3

**1** Alisa와 Ju Won의 대화를 듣고 빈칸을 채운 뒤 큰 소리로 따라 읽어 보세요.

---

Alisa: Bapak sudah mendengar kabar bapak Agus?

Ju Won: Belum, ada apa?

Alisa: Dia sedang sakit kanker paru-paru, jadi dia _____ _____ kerja juga.

Ju Won: Aduh, _____. Saya pernah bekerja dengan dia, _____ _____ bapak itu suka _____.

Alisa: Betul. Sudah lama dia merokok, _____ 30 tahun. Rokok memang tidak bagus untuk _____.

Ju Won: Tentu saja.

---

**2** 녹음을 듣고 빈칸을 채워 보세요.

❶ Dia sudah lama _____.

❷ Suaranya _____.

❸ Sejak kecil, saya mau _____ guru.

❹ Dia pandai _____.

**1** 접두사 me- 단어가 사용된 인도네시아어 문장을 해석하세요.

① Matahari semakin meninggi.

_____

② Daun-daun itu memerah.

_____

③ Berita itu menjadi salah satu berita hangat.

_____

④ Mereka sedang menyanyi di panggung.

_____

⑤ Setelah makan siang, saya selalu mengopi.

_____


**2** 접두사 me-가 사용된 단어를 사용하여 한국어 문장을 인도네시아어로 번역하세요.

① 두 사람의 관계는 이미 좋아지게 되었습니다.

_____

② 저는 그의 친구가 되고 싶습니다.

_____

③ 당신은 요리하는 것을 좋아합니까?

_____

④ 그 소는 풀을 먹고 있습니다.

_____

⑤ 인도네시아 사람들은 매일 커피를 마십니다.

_____

# Pelajaran 11

# Semoga Anda Sukses

당신의 일이 잘되기를 바랍니다

핵심
문법
표현

**1**

### Semoga Anda sukses.

당신의 일이 잘되기를 바랍니다

**2**

### Saya berharap Anda selalu sehat.

저는 당신이 항상 건강하기를 바랍니다

**3**

### Jangan bertanya!

질문하지 마시오!

**4**

### Dilarang masuk.

출입금지

## 대화

인류는 소통하였기에 생존하였다.

# Percakapan

🎧 11-1

Alisa: **Bagaimana bisnis baru Bapak Juwon?**

Ju Won: **Iya, lancar-lancar saja.**

Alisa: **Syukurlah. Semoga Bapak Juwon sukses.**

Ju Won: **Iya, terima kasih banyak. Bagaimana dengan Ibu Alisa? Katanya Ibu diangkat menjadi kepala tim bulan lalu. Betul?**

Alisa: **Ya, betul. Saya masih kurang tahu tentang tugas yang baru. Tetapi saya sedang berusaha supaya saya bisa sukses.**

Ju Won: **Oh, begitu. Ibu pasti bisa!**

Alisa: **Terima kasih.**

| | |
|---|---|
| 알리사: | 주원 씨 새로운 사업은 어떤가요? |
| 주원: | 네, 잘 진행되고 있어요. |
| 알리사: | 다행이군요. 주원 씨 일이 잘되기를 바랄게요. |
| 주원: | 네, 정말 고맙습니다. 알리사 씨는 어떤가요? 알리사 씨는 지난달에 팀장으로 선출되었다고 하던대요. 맞죠? |
| 알리사: | 네, 맞아요. 저는 아직 새로운 일에 대해서 잘 몰라요. 하지만 제가 잘할 수 있도록 노력하고 있는 중이에요. |
| 주원: | 오, 그렇군요. 알리사 씨는 분명히 할 수 있을 거예요! |
| 알리사: | 고맙습니다. |

### KOSAKATA BARU

**syukurlah** 다행히

**katanya** ~라고 하더라, ~의 말에 의하면

**diangkat** 선출되다, 승진되다

**berusaha** 노력하다

**supaya** ~하도록

**sukses** 성공하다, 잘되다

**berhasil** 성공하다, 잘되다, 결실을 맺다

**sembuh** 회복하다

**hubungan** 관계

**semakin** 점점

**berbahagia** 행복하다

**sehat** 건강한

**kemungkinan** 가능성

**bulan puasa** 금식월

**mengikuti** 따르다, 참여하다

**ujian akhir** 기말고사

**lebaran** 르바란(금식월 이후의 명절)

**kegiatan** 활동

**selesai** 끝나다, 종료하다

**mohon** 바라다, 희망하다

**cemas** 걱정하다

**awal** 초기

**titip** 부탁하다, 맡기다

**salam** 인사

**mendoakan** 기도해주다

**agar** ~하도록

**lancar** 유창한, 순조로운

**menyeberangi** 길을 건너다

**lulus** 합격하다, 통과하다

**cita-cita** 꿈, 이상

# Tata Bahasa

문법

## 기원문

기원문은 기원, 희망 등을 말하는 문장으로, 인도네시아어에서의 기원문은 다음과 같이 4개의 표현으로 나타낼 수 있습니다.

**1 Semoga + 기원의 내용**

Semoga Anda sukses.
당신의 일이 잘되기를 바랍니다.

Semoga dia cepat sembuh.
그가 빨리 회복하시기를 바랍니다.

**2 주어 + berharap + 기원의 내용**

Saya berharap Anda selalu sehat.
저는 당신이 항상 건강하기를 바랍니다.

Saya berharap dia berhasil.
저는 그가 성공하기를 바랍니다.

**3 Mudah-mudahan + 기원의 내용**

Mudah-mudahan mereka datang cepat.
그들이 빨리 오기를 바랍니다.

Mudah-mudahan hubungan mereka semakin baik.
그들의 관계가 점점 좋아지기를 바랍니다.

**4 Moga-moga + 기원의 내용**

Moga-moga Anda berbahagia.
당신이 행복하기를 바랍니다.

Moga-moga dia sukses.
그가 성공하기를 바랍니다.

115

# Tata Bahasa

## 명령문

명령문은 다음과 같이 4개의 표현으로 나타낼 수 있습니다.

## 1 일반 명령문: 문장 앞에 위치하거나 또는 동사 뒤에 lah를 써서 표현

Pergi ke sana! 저기로 가시오!
= Pergilah ke sana!
Buang sampah itu! 저 쓰레기를 버리시오!
= Buanglah sampah itu!

## 2 부정 명령문: jangan(~하지 마시오!)

Jangan bertanya! 질문하지 마시오!
Jangan masuk ke sini! 여기로 들어오지 마시오!

## 3 금지 명령문: dilarang

금지를 의미하는 'dilarang'은 주로 공공장소에서의 문구에서 자주 사용되는 단어입니다.
일반적으로 대화할 때 '~하지 마'라는 의미로 사용하는 경우는 위에서 살펴보았듯이 부정
명령어 'jangan'을 많이 사용합니다.

Dilarang masuk! 출입금지
Dilarang parkir! 주차금지

## 4 정중한 명령문: tolong

정중하고 부드럽게 명령할 경우 부사 'tolong'을 사용합니다. 이는 '~해주세요'라는 의미
를 가진 명령어입니다.

Tolong buang sampah itu! 저 쓰레기를 버려 주십시오!
Tolong bukakan pintu! 문을 열어주세요!

# Bacaan

언어는 질서 속에 짜여진 무늬이다.

🎧 11-2

**Surat kepada Ibu**

Ibu, bagaimana kabarnya?

Sehat-sehat, bukan?

Saya di sini sehat-sehat saja. Kemungkinan besar saya tidak akan pulang ke Medan sebelum bulan puasa karena saya harus mengikuti ujian akhir selama satu minggu di Bandung.

Mudah-mudahan sebelum Lebaran, kegiatan saya itu sudah selesai. Jadi, saya mohon Ibu tidak cemas jika saya tidak di Medan pada awal bulan puasa nanti.

Bu, keluarga Paman Roni di Bandung baik-baik saja. Paman juga titip salam dan mendoakan Ibu agar selalu sehat.

Sampai di sini dulu, ya, Bu. Doakan saya agar lancar semuanya.

Sampai jumpa.

엄마에게 쓰는 편지

엄마, 잘 지내시죠?

건강하시죠?

저는 여기에서 건강해요. 아마 저는 금식월 이전에 메단에 못 갈 가능성이 클 것 같아요 왜냐하면 저는 반둥에서 일주일 동안 기말고사를 치뤄야 하거든요.

르바란 이전에는 제 활동이 끝나기를 바라고 있어요. 그래서 저는 엄마가 제가 금식월 초에 메단에 가지 않아도 실망하지 않으셨으면 해요.

엄마, 반둥의 로니 삼촌 가족은 잘 지내고 있어요. 삼촌도 안부를 전해달라 부탁했고 엄마가 늘 건강하시길 기도하고 있어요.

여기까지 할게요, 엄마. 모두 잘 되도록 저를 위해 기도해 주세요.

다시 만나요.

PERTANYAAN

**1** Dia menulis surat kepada siapa?

그녀는 누구에게 편지를 썼습니까?

_____

**2** Mengapa dia tidak akan pulang ke Medan sebelum bulan puasa?

왜 그녀는 금식월 이전에 메단에 갈 수 없습니까?

_____

_____

## 건강 kesehatan

| | | | | | |
|---|---|---|---|---|---|
| ☐ | rumah sakit | 병원 | ☐ | penyakit | 질병 |
| ☐ | klinik | 의원 | ☐ | demam | 열 |
| ☐ | batuk | 기침 | ☐ | gigi berlubang | 충치 |
| ☐ | pusing | 현기증 | ☐ | sembelit | 변비 |
| ☐ | pencernaan tidak lancar | 체하다 | ☐ | luka bakar | 화상을 입다 |
| ☐ | radang paru-paru | 폐렴 | ☐ | kanker | 암 |
| ☐ | persendian sakit | 관절통 | ☐ | susah tidur | 불면증 |
| ☐ | tekanan darah tinggi | 고혈압 | ☐ | penyakit menular | 전염병 |
| ☐ | tekanan darah rendah | 저혈압 | ☐ | terpotong | 베이다 |
| ☐ | radang kulit | 피부염 | ☐ | luka | 상처 |
| ☐ | sakit jiwa | 정신병 | ☐ | kertas resep | 처방전 |
| ☐ | golongan darah | 혈액형 | ☐ | sembuh | 회복하다 |
| ☐ | pasien | 환자 | ☐ | obat maag | 위장약 |
| ☐ | operasi | 수술 | ☐ | flu | 감기 |
| ☐ | obat pengurang nyeri | 진통제 | ☐ | diare | 설사하다 |
| ☐ | nyeri | 진통, 고통 | ☐ | hamil | 임신 |
| ☐ | radang usus | 장염 | ☐ | minum | 복용하다 |
| ☐ | suhu badan | 체온 | ☐ | berobat | 치료하다 |
| ☐ | suntik | 주사 | ☐ | obat penurun panas | 해열제 |
| ☐ | cara minum | 복용방법 | ☐ | bernafas | 숨쉬다 |
| ☐ | obat | 약 | ☐ | sakit kepala | 두통 |

# Latihan

반복이 언어 성장의 힘이다.

**1** 다음 기원문 단어를 사용하여 문장을 만들어 보세요.

**①** semoga

_____

**②** berharap

_____

**③** mudah-mudahan

_____


**2** 다음 빈칸에 알맞은 명령문 단어를 넣어 문장을 완성해 보세요.

**①** _____ ini. 이것을 쓰시오.

**②** _____ menyeberang. 길을 건너는 것은 금지되어 있음.

**③** _____ berhenti! 정지하지 마시오!

**④** _____ bantu saya. 저를 도와주세요.


**3** 다음 제시된 기원문 단어가 사용된 단어로 문장을 만들어 보세요.

**①** 저는 당신이 행복하기를 바랍니다. [berharap]

_____

**②** 그 일이 잘되기를 바랍니다. [semoga]

_____

**③** 그 일이 빨리 끝나기를 바랍니다. [moga-moga]

_____

**④** 그녀가 지금 오기를 바랍니다. [mudah-mudahan]

_____

다음 상황을 읽고 알맞은 기원문과 명령문 단어를 넣어 빈칸을 채워 보세요.

**❶**

> 남자가 머리가 아프다고 말하자, 여자는 빨리 낫기를 바란다고 말한다.

A: Saya sakit kepala hari ini.

B: _____ cepat sembuh!

**❷**

> 여자가 남자에게 안전하기를 바란다고 인사하자, 남자는 고맙다고 대답한다.

A: _____ Anda selamat.

B: Ya, terima kasih.

**❸**

> 남자가 여자에게 여기에 들어오지 말라고 말하자, 여자는 미안하다고 대답한다.

A: _____ masuk ke sini!

B: Maaf. Saya tidak akan masuk.

**❹**

> 여자가 새로운 일을 시작할 거라고 말하자, 남자는 성공을 기원한다고 말한다.

A: Saya akan memulai pekerjaan baru.

B: Oh, saya _____ Anda berhasil.

# Mendengar

🎧 11-3

**1**  Alisa와 Ju Won의 대화를 듣고 빈칸을 채운 뒤 큰 소리로 따라 읽어 보세요.

| | |
|---|---|
| Alisa: | Bagaimana bisnis baru Bapak Juwon? |
| Ju Won: | Iya, _____ saja. |
| Alisa: | Syukurlah. _____ Bapak Juwon _____. |
| Ju Won: | Iya, terima kasih banyak. Bagaimana dengan Ibu Alisa? |
| | _____ Ibu diangkat menjadi kepala tim bulan lalu. Betul? |
| Alisa: | Ya, betul. Saya masih kurang tahu tentang tugas yang baru. |
| | Tetapi saya sedang _____ supaya saya bisa sukses. |
| Ju Won: | Oh, begitu. Ibu pasti bisa! |
| Alisa: | Terima kasih. |

**2**  녹음을 듣고 빈칸을 채워 보세요.

❶ _____ dia cepat sembuh.

❷ _____ Anda bisa lulus ujian itu.

❸ _____ masuk sekarang!

❹ _____ merokok!

**1**  기원문 단어가 사용된 인도네시아어 문장을 해석하세요.

① Semoga hari ini lebih baik.

_____

② Moga-moga cita-cita dia berhasil.

_____

③ Semoga dia mendengarkan itu.

_____

④ Saya berharap ayah Anda bisa datang di sini dengan sehat.

_____

⑤ Saya berharap dia akan masuk sekolah itu.

_____


**2**  명령문 단어를 사용하여 한국어 문장을 인도네시아어로 번역하세요.

① 잡담하지 마시오!

_____

② 주차금지

_____

③ 이것을 씻으세요.

_____

④ 저것을 잘라주세요.

_____

⑤ 먹지 마시오!

_____

# 12

# Setiap Malam Saya Menidurkan Anak Saya

매일 저녁 저는 제 아이를 재웁니다

핵심
문법
표현

**1**

Setiap malam saya menidurkan anak saya.

매일 저녁 저는 제 아이를 재웁니다

**2**

Ayah saya membacakan saya buku kanak-kanak.

저의 아버지는 저에게 동화책을 읽어주었습니다

**3**

Orang itu menduduki kursi itu.

그 사람은 그 의자에 앉았습니다

**4**

Anak saya menciumi saya sebelum dia pergi sekolah.

제 아이는 그가 학교 가기 전에 저에게 계속해서 입을 맞춥니다

# Percakapan

🎧 12-1

| | |
|---|---|
| Alisa: | Bapak Juwon, sekarang berapa umur anak Bapak? |
| Ju Won: | Sekarang umurnya 4 tahun. Bagaimana dengan Ibu Alisa? |
| Alisa: | Kalau anak saya 3 tahun. Mereka hanya berbeda 1 tahun, ya. |
| Ju Won: | Ya, betul. Anak saya masih tidur dengan kami setiap malam. |
| Alisa: | Anak saya juga. Setiap malam saya menidurkan anak saya. Dia tidak suka tidur dengan ayahnya. |
| Ju Won: | Memang anak kecil seperti itu ya. |

| | |
|---|---|
| 알리사: | 주원 씨, 지금 아이가 몇 살인가요? |
| 주원: | 지금 4살이에요. 알리사 씨는 어떤가요? |
| 알리사: | 제 아이는 3살이에요. 그들은 1살 차이가 나는군요. |
| 주원: | 네, 맞아요. 제 아이는 아직 매일 저녁 저희와 잠을 자요. |
| 알리사: | 제 아이도 그래요. 매일 저녁 저는 제 아이를 재워요. 아빠와 자는 것을 좋아하지 않거든요. |
| 주원: | 당연히 어린아이들은 그런가봐요. |

## KOSAKATA BARU

**berbeda** 다르다

**masih** 아직, 여전히

**anak kecil** 어린아이

**seperti** ~와 같은, ~처럼

**semua** 모든

**merupakan** ~이다

**tempat** 장소

**penjual** 판매자

**pembeli** 구매자

**saling** 서로

**bertransaksi** 거래하다

**salah satu** ~중에 하나

**umum** 공공, 대중

**dikunjungi** 방문되는

**barang dagangan** 거래물품

**los** 노점

**interaksi** 상호작용

**menawarkan** 팔려고 내놓다, 제안하다

**secara** ~한 방법으로

**langsung** 직접, 곧장

**menawar** 깎다

**lahan** 토지, 땅

**wilayah** 지역

**ramai** 붐비는

**tersedia** 준비되어 있는

**pangkalan** 기지, 모여있는 장소

**angkutan umum** 대중교통

**luas** 넓은, 탁 트인

**bertingkat** 여러 층을 가지고 있는

**digunakan** 이용되다

**sedangkan** 반면에

# Tata Bahasa

언어는 본능이 아니다.

## 양분접사 me-kan

양분접사 me-kan은 me-kan의 형태로 사용되지만 앞에 결합되는 me-가 생략되는 경우가 많습니다. 주로 명사, 형용사, 동사와 결합하여 타동사의 기능을 가지며 아래의 의미로 많이 사용됩니다.

## 1 사역의 의미: ~하게 만들다, ~로 되게 하다

Setiap malam saya menidurkan anak saya.
매일 저녁 저는 제 아이를 재웁니다.

Dia sedang membersihkan rumah.
그는 집 청소를 하고 있습니다.

Suami saya selalu memandikan anak kami.
제 남편은 항상 우리의 아이를 목욕시킵니다.

Orang tua saya membesarkan saya.
제 부모님은 저를 키워주었습니다.

> menidurkan
> 재우다/자게 하다
> (어근: tidur 자다)
> membersihkan
> 청소하다/깨끗하게 하다
> (어근: bersih 깨끗한)
> memandikan
> 목욕시키다
> (어근: mandi 목욕하다)
> membesarkan
> 키워주다
> (어근: besar 크다)

## 2 ~에게 ~을 해주다

Ayah membacakan saya buku kanak-kanak.
아버지는 저에게 동화책을 읽어주었습니다.

Saya membelikan anak saya hp baru.
저는 제 아이에게 새 휴대폰을 사주었습니다.

> membacakan
> 읽어주다
> (어근: baca 읽다)
> membelikan 사주다
> (어근: beli 사다)

## 3 주의 표현

Dia meminjam uang dari saya.
그는 저로부터 돈을 빌렸습니다.

Saya meminjamkan uang kepada dia.
저는 그에게 돈을 빌려주었습니다.

Mereka menyewa rumah di Solo.
그들은 솔로에 세를 얻었습니다.

Dia menyewakan rumah.
그는 집을 세주었습니다.

> meminjam 빌리다
> (어근: pinjam 빌리다)
> meminjamkan
> 빌려주다
> (어근: pinjam 빌리다)
> menyewa 세를 얻다
> (어근: sewa 세를 얻다)
> menyewakan 세주다
> (어근: sewa 세를 얻다)

pinjam과 sewa는 일반동사를 만들어 주는 접두사 me-가 단독으로 붙었을 때와 me-kan이 함께 붙는 경우의 의미가 상반되게 변화됩니다. 이 두 단어의 의미는 반드시 숙지하고 있어야 합니다.

## 접미사 -i

접미사 -i는 me-i의 형태로 사용되지만 앞에 결합되는 me-가 생략되는 경우가 많습니다. 주로 명사, 형용사, 동사와 결합하여 타동사의 기능을 가지며 아래의 의미로 많이 사용됩니다.

### 1 동사 + 전치사

Orang itu menduduki kursi itu.
그 사람은 그 의자에 앉았습니다.

Dia memasuki ruang kelas bahasa Indonesia.
그는 인도네시아어 교실로 들어갑니다.

> menduduki 앉다
> (어근: duduk 뒤에 전치사 'di' 생략)
>
> memasuki 들어가다
> (어근: masuk 뒤에 전치사 'ke' 생략)

### 2 반복 동작

Anak saya menciumi saya sebelum dia pergi sekolah.
제 아이는 그가 학교 가기 전에 저에게 계속해서 입을 맞춥니다.

Dia memukuli itu.
그는 그것을 계속 때립니다.

> menciumi
> 계속해서 입을 맞추다
> (어근: cium)
>
> memukuli 계속 때리다
> (어근: pukul)

양분접사 me-kan, 접미사 -i는 앞서 설명한 의미 외에도 수많은 의미를 가지고 있습니다. 이러한 의미를 개별적으로 분석하고 의미 해석을 하는 것보다는 me-kan, me-i가 붙은 단어 상태로 암기하는 것이 훨씬 효과적으로 편하게 학습하는 방법입니다.

# Bacaan

언어는 질서 속에 짜여진 무늬이다.

## Pasar Tradisional

Semua orang pasti tahu pasar. Pasar merupakan tempat pertemuan antara penjual dan pembeli dan mereka saling bertransaksi. Pasar tradisional adalah salah satu tempat umum dan dikunjungi banyak orang.

Penjual dapat menjual dagangannya di toko dan di los. Di sini interaksi positif terjadi antara penjual dan pembeli, di mana penjual menawarkan dagangannya secara langsung dan pembeli bisa menawarnya.

Pasar biasanya memiliki lahan yang cukup luas. Pada umumnya pasar dibangun di tengah-tengah atau di pusat wilayah yang ramai. Di depan pasar juga tersedia pangkalan ojek, angkutan umum, becak, serta berbagai alat transportasi lainnya.

Bangunan pasar juga bertingkat dan luas. Lantai atas digunakan untuk toko-toko pakaian, peralatan sekolah, makanan, alat musik, dan peralatan olahraga sedangkan lantai bawah digunakan untuk menjual sayuran, ikan dan buah-buahan.

### 전통시장

모든 사람은 분명히 시장을 알고 있을 겁니다. 시장은 판매자와 구매자 간의 만남의 장소이며 그들은 서로 거래를 합니다. 전통시장은 공공장소 중 한 곳이며 많은 사람이 방문하는 곳입니다.

판매자는 상점과 노점에서 그의 거래물품을 판매할 수 있습니다. 여기에서 긍정적인 상호작용이 발생하며, 판매자는 직접적으로 그의 물품을 판매하기 위해 내놓을 수 있고 구매자는 이를 깎을 수 있습니다.

시장은 보통 꽤 넓은 땅을 가지고 있습니다. 일반적으로 시장은 붐비는 지역 중앙 혹은 가운데에 생깁니다. 시장 앞에는 또한 오젝 장소, 대중교통, 베짝 및 다양한 기타 교통수단이 준비되어 있습니다.

시장 건물은 또한 여러 층으로 되어 있고 넓습니다. 위층은 의류, 문구, 음식, 악기, 및 운동 기구 상점을 위해 이용되며 반면 아래층은 채소, 생선, 그리고 과일들을 판매하기 위해 이용됩니다.

**PERTANYAAN**

**1** Apa yang terjadi antara penjual dan pembeli di pasar?
시장에서 판매자와 구매자 간의 무엇이 발생합니까?

**2** Lantai atas digunakan untuk apa?
위층은 무엇을 위하여 이용됩니까?

## 크기 | ukuran

| | | |
|---|---|---|
| ☐ | besar | 큰 |
| ☐ | panjang | 긴 |
| ☐ | pendek | 짧은 |
| ☐ | tinggi | 키가 큰 |
| ☐ | tipis | 얇은 |
| ☐ | dalam | 깊은 |
| ☐ | sempit | 폭이 좁은 |
| ☐ | kecil | 작은 |
| ☐ | tebal | 두꺼운 |
| ☐ | lebar | 넓은 |

## 형태 rupa

| | | |
|---|---|---|
| ☐ | bundar | 둥근/원형의 |
| ☐ | persegi | 정사각형 |
| ☐ | segitiga | 삼각형 |
| ☐ | lurus | 일자형/직선형 |

## 학교 sekolah

| | | |
|---|---|---|
| ☐ | Taman Kanak-kanak(TK) | 유치원 |
| ☐ | Sekolah Dasar(SD) | 초등학교 |
| ☐ | Sekolah Menengah Pertama(SMP) | 중학교 |
| ☐ | Sekolah Menengah Atas(SMA) | 고등학교 |
| ☐ | guru | 교사, 선생님 |
| ☐ | dosen | 교수 |
| ☐ | pelajar | 학생 |
| ☐ | mahasiswa | 대학생(남) |
| ☐ | mahasiswi | 대학생(여) |
| ☐ | mengajar | 가르치다 |
| ☐ | mengambil jurusan | 전공을 취하다 |
| ☐ | ujian(tes) | 시험 |
| ☐ | Pekerjaan Rumah(PR) | 숙제, 과제 |
| ☐ | belajar | 공부하다 |

반복이 언어 성장의 힘이다.

**1** 다음 양분접사 me-kan 단어를 사용하여 문장을 만들어 보세요.

① membersihkan

② membelikan

③ meminjamkan

**2** 다음 빈칸에 알맞은 접미사 -i 단어를 넣어 문장을 완성해 보세요.

① Saya mau _____ tempat itu. 저는 그곳에 앉고 싶습니다.

② Dia sudah _____ toilet itu. 그는 이미 그 화장실로 들어갔습니다.

③ Dia _____ itu. 그녀는 그것을 계속 때립니다.

④ Anak laki-laki saya _____ saya. 제 아들은 저에게 계속 뽀뽀를 합니다.

**3** 다음 제시된 양분접사 me-kan과 접미사 -i 단어가 사용된 단어로 문장을 만들어 보세요.

① 그녀는 아이에게 그 책을 읽어주었습니다. [membacakan]

② 저는 그녀에게 꽃을 주었습니다. [memberikan]

③ 그들은 저의 집에 왔습니다. [mendatangi]

④ 저는 꽃을 계속 땁니다. [memetiki]

다음 상황을 읽고 알맞은 양분접사 me-kan과 접미사 -i 단어를 넣어 빈칸을 채워 보세요.

**❶**

> 남자가 여자에게 아침을 먹었는지 묻자, 여자는 엄마가 볶음밥을 주셔서 먹었다고 대답한다.

A: Anda sudah sarapan?

B: Ya, ibu saya _____ kami nasi goreng.

**❷**

> 여자가 남자의 방을 보며 방이 매우 깨끗하다고 말하자, 남자는 매일 아침 방을 청소한다고 대답한다.

A: Kamar Anda bersih sekali!

B: Setiap hari saya _____ kamar.

**❸**

> 남자가 여자에게 무엇을 하는지 묻자, 여자는 아이를 재우고 있다고 대답한다.

A: Anda sedang apa?

B: Saya sedang _____ anak.

**❹**

> 남자가 여자에게 무슨 일인지 묻자, 여자는 다리가 아프다며 앞에 있는 의자에 앉겠다고 말한다.

A: Ada apa?

B: Saya sakit kaki. Saya mau _____ kursi ini.

🎧 12-3

**1** Alisa와 Ju Won의 대화를 듣고 빈칸을 채운 뒤 큰 소리로 따라 읽어 보세요.

| | |
|---|---|
| Alisa: | Bapak Juwon, _____ berapa umur anak Bapak? |
| Ju Won: | Sekarang umurnya 4 tahun. Bagaimana dengan Ibu Alisa? |
| Alisa: | Kalau anak saya 3 tahun. Mereka _____ _____ 1 tahun, ya. |
| Ju Won: | Ya, betul. Anak saya _____ tidur dengan kami _____ . |
| Alisa: | Anak saya juga. Setiap malam saya _____ anak saya. Dia tidak suka tidur dengan ayahnya. |
| Ju Won: | Memang anak _____ _____ itu ya. |

**2** 녹음을 듣고 빈칸을 채워 보세요.

❶ Saya _____ kursi.

❷ Saya _____ dia kopi.

❸ Ibu _____ anak dia.

❹ Dia _____ saya.

**1**   양분접사 me-kan과 접미사 -i 단어가 사용된 인도네시아어 문장을 해석하세요.

① Saya belum pernah menggunakan itu.

_____

② Bisakah mengantarkan saya ke rumah?

_____

③ Mereka menggunakan cara itu.

_____

④ Saya mencabuti alis.

_____

⑤ Dia akan menandatangani surat itu.

_____


**2**   양분접사 me-kan과 접미사 -i 단어를 사용하여 한국어 문장을 인도네시아어로 번역하세요.

① 그는 저에게 돈을 빌려주었습니다.

_____

② 제 가족은 반둥에 세를 얻었습니다.

_____

③ 매일 저녁 제 아내는 아이들을 재웁니다.

_____

④ 그 의사는 저를 치료합니다.

_____

⑤ 우리는 부모님을 존경해야 합니다.

_____

# Pelajaran 13

## Bagaimana Kesehatan Dia?

그녀의 건강은 어떻습니까?

핵심 문법 표현 ❗

**1** Bagaimana kesehatan dia?
그녀의 건강은 어떻습니까?

**2** Saya punya pertanyaan.
저는 질문이 있습니다

**3** Mereka pelajar sekolah itu.
그들은 그 학교의 학생입니다

**4** Minuman itu enak sekali.
그 음료수는 정말 맛있습니다

🎧 13-1

| | |
|---|---|
| Ju Won: | Ibu Alisa, baru dari mana? |
| Alisa: | Saya baru dari rumah sakit. Saya menengok ibu Yani. |
| Ju Won: | Bagaimana kesehatan dia? |
| Alisa: | Dia kena tifus. Minggu lalu saya sudah menelepon dia. Katanya dia demam dan menggigil. |
| Ju Won: | Aduh, pasti dia sakit parah. Dia sudah dirawat, ya? |
| Alisa: | Iya, dia dirawat di Rumah Sakit Katolik Saint Yosep. |

| | |
|---|---|
| 주원: | 알리사 씨, 어디에서 오는 길인가요? |
| 알리사: | 저는 막 병원에서 오는 길이에요. 야니 씨 병문안을 했어요. |
| 주원: | 그녀의 건강은 어떤가요? |
| 알리사: | 그녀는 장티푸스에 걸렸어요. 지난주에 저는 그녀와 통화를 했어요. 그녀의 말에 의하면 열이 나고 오한을 느낀다고 했어요. |
| 주원: | 어머나, 분명히 그녀는 심하게 아플 거예요. 그녀는 이미 입원해 있나요? |
| 알리사: | 네, 그녀는 성 요셉 가톨릭 병원에 입원해 있어요. |

**KOSAKATA BARU**

**menengok** 방문하다, 병문안하다

**kena** (병에) 걸리다

**demam** 열나다

**parah** 심하게

**dirawat** 간호받다, 입원하다

**candi** 사원

**terletak** 위치하다

**peninggalan** 유산

**umat** 공동체

**Hindu** 힌두교

**dibangun** 건설된, 설립된

**sejak** ~이래로

**Masehi** 기원전

**ketinggian** 높이, 키

**sekitar** 대략, 주변

**suasana** 분위기

**terpancar** 빛을 발하는

**ketika** ~할 때

**berada** 있다

**dikelilingi** 둘러싸이다, 에워싸이다

**pohon** 나무

**wisatawan** 관광객, 여행객

**asing** 외국

**maupun** ~도

**mengunjungi** 방문하다

**terdapat** 발견되다

**arca** 상, 동상

**bangunan** 건물

**mencapai** 도달하다, 성취하다

**curam** 가파른, 경사가 급한

**berhati-hati** 조심하다

# Tata Bahasa

## 명사화 접사

명사를 만드는 문법은 '양분접사 pe-an, per-an, 접두사 pe-, 접미사 -an' 으로 구성됩니다.

## 1 양분접사

### pe-an

어근에 결합되어 명사를 만들며 일반적으로 어근단어와 관련된 장소, 과정을 나타냅니다.

Hari ini kami akan pergi ke pemandian air panas.
오늘 우리는 온천에 갈 예정입니다.

Pemakaman yang baru itu terletak di Bogor.
그 새로운 묘지는 보고르에 위치해 있습니다.

Penjualan itu sudah membawakan banyak untung kepada mereka.
그 판매는 그들에게 이미 많은 이익을 가져다 주었습니다.

Mereka diduga terlibat pencucian uang.
그들은 돈 세탁에 연루되었다고 추측되고 있습니다.

### per-an

어근에 결합되어 명사를 만들며 일반적으로 어근단어와 관련된 장소, 행위결과, 지역 등을 나타냅니다.

Terminal itu merupakan perhentian terakhir semua angkutan kota Jakarta.
그 터미널은 자카르타 시 모든 운송의 마지막 정류장입니다.

Percetakan yang murah dan terkenal di Jalan Pramuka itu tidak pernah sepi pengunjung.
쁘라무까 거리에서 유명하고 저렴한 그 인쇄소는 손님이 한가한 적이 없습니다.

Perkelahian antar pelajar itu menyebabkan beberapa sarana umum rusak.
그 두 학생 사이의 싸움은 몇몇 공공시설이 망가지도록 만들었다.

Orang itu menguasai perkebunan teh juga.
그 사람은 차 농장도 관리합니다.

## ke-an

양분접사 ke-an은 세 가지 의미가 있습니다. 첫 번째, 동사나 형용사와 결합하여 그 동사 고유의 의미를 가지는 명사형을 만듭니다. 두 번째, 앞서 수동태 부분에서 설명한 것처럼 수동태 '~당하다'의 의미를 가집니다. 세 번째, 형용사와 결합하여 '너무/지나치게 ~하다'의 의미를 가집니다. 예를 들어, 'kebesaran(너무 큰)', kegemukan(너무 뚱뚱한)'의 의미로 사용됩니다.

Apa kegiatan Anda akhir minggu yang lalu?
지난 주말 당신의 활동은 무엇입니까?

Saya belajar bahasa Indonesia karena saya mau tahu kebudayaan Indonesia.
저는 인도네시아 문화에 대해 알고 싶어서 인도네시아어를 공부합니다.

Kita harus menjaga kesehatan kita.
우리는 우리의 건강을 지켜야 합니다.

Apa kegemaran Anda?
당신의 취미는 무엇입니까?

## 2 접두사 pe-

어근에 결합되어 명사를 만들며 어근과 관련된 행동을 하는 사람 또는 도구를 나타냅니다. 여기서 접두사 me-의 형태 변화가 동일하게 적용됩니다.

Dia bukan pembantu saya.
그는 나의 가정부가 아닙니다.

Mereka pelajar sekolah itu.
그들은 그 학교의 학생입니다.

Pemuda Indonesia suka sekali penyanyi Korea.
인도네시아 청년들은 한국 가수를 매우 좋아합니다.

Banyak wanita Indonesia adalah penggemar penyanyi Korea.
많은 인도네시아 여성들은 한국 가수의 팬입니다.

## 3 접미사 -an

수사에 붙는 -an의 경우 '다수'를 의미하며, 일반적으로 -an은 어근의 동작의 결과를 나타냅니다. '여러 종류' 혹은 '다양한'이라는 의미를 가지며 '군집명사'라고도 합니다.

**Ratusan** orang sedang berdemonstrasi di alun-alun.
수백 명의 사람들이 광장에서 시위하고 있는 중입니다.

Kami lahir pada tahun 1990-**an**.
우리는 1990년대에 태어났습니다.

Anda paling suka makanan Indonesia apa?
당신은 무슨 인도네시아 음식을 가장 좋아합니까?

Minuman itu enak sekali.
그 음료수는 정말 맛있습니다.

Buah-buahan Indonesia sangat manis.
인도네시아 과일들은 매우 달콤합니다.

Untuk kesehatan, kita harus banyak makan sayur-sayuran.
건강을 위해서, 우리는 채소들을 많이 먹어야 합니다.

🎧 13-2

## Candi Borobudur

Salah satu tempat wisata terkenal di Indonesia adalah Candi Borobudur. Candi Borobudur terletak di Jl.Badrawati, Magelang, Jawa Tengah.

Candi ini merupakan candi peninggalan Umat Hindu yang dibangun sejak 780-840 Masehi, dengan ketinggian sekitar 400 meter. Suasana indah terpancar ketika berada di atas candi. Kita bisa melihat area sekitar candi yang sejuk dikelilingi pohon.

Banyak wisatawan asing maupun lokal yang mengunjungi candi ini. Terdapat 504 buah arca yang ada di dalam bangunan candi. Untuk bisa mencapai Candi Borobudur, harus menaiki banyak anak tangga.

Beberapa anak tangga ada yang curam jadi harus berhati-hati ketika berwisata ke sana. Candi Borobudur sangat megah karena memiliki wilayah yang sangat luas yaitu sekitar 2.500 m².

### 보로부두르 사원

인도네시아에서 유명한 관광지 중 하나는 보로부두르 사원입니다. 보로부두르 사원은 중부 자바 마겔랑 바드라와띠 거리에 위치합니다.

이 사원은 기원전 780-840 이후로 건설된 힌두 공동체의 유산이며, 높이는 대략 400m에 달합니다. 아름다운 분위기는 사원 위에 있을 때 빛을 발합니다. 우리는 나무에 둘러싸인 시원한 사원의 주변 지역을 볼 수 있습니다.

외국 관광객뿐만 아니라 이 사원을 방문하는 현지 관광객 역시 많습니다. 사원 건물 안에는 504개의 상이 발견됩니다. 보로부두르 사원에 도착하기 위해서는 많은 계단을 올라야만 합니다.

몇몇 가파른 계단이 있으므로 그곳으로 여행할 때 조심해야 합니다. 보로부두르 사원은 매우 넓은 지역을 소유하고 있기 때문에 굉장히 거대하며 넓이는 대략 2,500m²에 달합니다.

**PERTANYAAN**

**1** Candi Borobudur terletak di mana?
보로부두르 사원은 어디에 위치해 있습니까?

_____

**2** Berapa luas Candi Borobudur?
보로부두르 사원의 넓이는 몇입니까?

_____

# Kosakata

대화는 어휘력 싸움이다.

## 국가 negara

| | | |
|---|---|---|
| ☐ | Indonesia | 인도네시아 |
| ☐ | Korea | 대한민국 |
| ☐ | Jepang | 일본 |
| ☐ | Tiongkok(Cina) | 중국 |
| ☐ | India | 인도 |
| ☐ | Thailand | 태국 |
| ☐ | Malaysia | 말레이시아 |
| ☐ | Singapura | 싱가포르 |
| ☐ | Amerika | 미국 |
| ☐ | Perancis | 프랑스 |
| ☐ | Jerman | 독일 |
| ☐ | Eropa | 유럽 |
| ☐ | Inggris | 영국 |
| ☐ | Australia | 호주 |
| ☐ | Belanda | 네덜란드 |
| ☐ | Filipina | 필리핀 |

## 위치 posisi

| | | |
|---|---|---|
| ☐ | kiri | 왼쪽 |
| ☐ | kanan | 오른쪽 |
| ☐ | depan | 앞 |
| ☐ | belakang | 뒤 |
| ☐ | atas | 위 |
| ☐ | bawah | 아래 |
| ☐ | antara | ~사이 |
| ☐ | seberang | 건너편 |
| ☐ | situ | 거기 |
| ☐ | dalam | 안 |
| ☐ | luar | 밖 |
| ☐ | dekat | 가까이, 근처 |
| ☐ | jauh | 먼 |
| ☐ | sebelah | ~쪽, 옆 |
| ☐ | samping | 옆 |
| ☐ | tengah | 중앙 |
| ☐ | sini | 여기 |
| ☐ | sana | 저기 |

**1** 다음 명사화 접사 단어를 사용하여 문장을 만들어 보세요.

① pertanyaan

_____

② kesehatan

_____

③ makanan

_____


**2** 다음 빈칸에 알맞은 명사화 접사 단어를 넣어 문장을 완성해 보세요.

① Tempat itu adalah salah satu _____ budaya Islam.
그 장소는 이슬람 문화유산 중 하나입니다.

② Ada banyak tamu di resepsi _____. 결혼식 피로연에 많은 손님이 있습니다.

③ Saya _____ penyanyi itu.  저는 그 가수의 팬입니다.

④ Mereka lahir pada tahun _____.  그들은 1980년대에 태어났습니다.


**3** 다음 제시된 명사화 접사가 사용된 단어로 문장을 만들어 보세요.

① 저는 인도네시아 채소들을 좋아합니다. [sayur-sayuran]

_____

② 그녀는 저희 집에서 근무하는 가정부입니다. [pembantu]

_____

③ 그들은 한국 문화를 이미 알고 있습니다. [kebudayaan]

_____

④ 그 새로운 활동은 어땠습니까? [kegiatan]

_____

# Berbicara

말할 권리는 절대 옹호한다.

다음 상황을 읽고 알맞은 명사화 접사 단어를 넣어 빈칸을 채워 보세요.

**❶**

> 강의실 안에서 교수가 학생들에게 질문이 있는지 묻자, 한 학생이 손을 들고 질문이 있다고 말한다.

A: Ada _____?

B: Iya, ada.

**❷**

> 여자와 남자가 전통춤 공연장에서 인도네시아 전통옷을 입은 공연단이 춤을 추고 있는 것을 보고 있다.

A: Di sini ada banyak _____!

B: Wah, itu tari tradisional.

**❸**

> 남자가 여자에게 음식 메뉴가 무엇인지 묻자, 여자는 뷔페라고 대답한다.

A: Apa menu _____ hari ini?

B: Prasmanan.

**❹**

> 남자가 여자에게 방탄소년단을 좋아하는지 묻자, 여자는 자신이 방탄소년단의 팬이라고 대답한다.

A: Apakah Anda suka penyanyi BTS?

B: Ya, saya _____ BTS.

🎧 13-3

**1** Alisa와 Ju Won의 대화를 듣고 빈칸을 채운 뒤 큰 소리로 따라 읽어 보세요.

Ju Won: Ibu Alisa, _____ dari mana?

Alisa: Saya _____ dari rumah sakit. Saya _____ ibu Yani.

Ju Won: Bagaimana _____ dia?

Alisa: Dia _____ tifus. Minggu lalu saya sudah _____ dia. Katanya dia demam dan _____.

Ju Won: Aduh, pasti dia sakit _____. Dia sudah _____, ya?

Alisa: Iya, dia dirawat di Rumah Sakit Katolik Saint Yosep.


**2** 녹음을 듣고 빈칸을 채워 보세요.

❶ _____ gunung itu 1.000 meter.


❷ Itu perlu _____.


❸ Itu adalah _____ cinta.


❹ Mereka sudah _____ di rumah sakit.

# Menulis

**1** 알맞은 명사화 접사 단어가 사용된 인도네시아어 문장을 해석하세요.

① Kemarin terjadi aksi kejahatan di Jakarta.

_____

② Pemerintah Indonesia sedang membuat kebijakan baru.

_____

③ Perusahan itu terletak di Jalan Sudirman.

_____

④ Industri itu sedang mengalami perkembangan.

_____

⑤ Berapa penghasilan neto?

_____


**2** 명사화 접사가 사용된 단어를 사용하여 한국어 문장을 인도네시아어로 번역하세요.

① 그의 몸무게는 몇 킬로입니까?

_____

② 당신은 신체검사를 해야 합니다.

_____

③ 그것의 사용 방법은 어떻게 됩니까?

_____

④ 대한민국 정부는 인도네시아 정부와 친밀합니다.

_____

⑤ 두 국가의 관계는 좋습니다.

_____

# Pagi Ini Saya Tertidur di dalam Bus

오늘 아침에 저는 버스 안에서 졸았습니다

핵심
문법
표현
❗

**1**

Pagi ini saya tertidur di dalam bus.

오늘 아침에 저는 버스 안에서 졸았습니다

**2**

Hp dia hp yang terbaru.

그의 휴대폰은 최신입니다

**3**

Jendela kantor itu tertutup.

그 사무실 창문은 닫혔습니다

**4**

Gunung itu terdaki oleh dia.

그 산은 그가 올라갈 수 있습니다

인류는 소통하였기에 생존하였다.

🎧 14-1

| | |
|---|---|
| Alisa: | Bapak Juwon, kelihatannya capek hari ini. |
| Ju Won: | Ya. Akhir-akhir ini saya ada banyak pekerjaan di kantor, jadi saya kurang tidur. Pagi ini saya tertidur di dalam bus. |
| Alisa: | Aduh, kasihan. Kenapa begitu sibuk akhir-akhir ini? |
| Ju Won: | Karena sekarang akhir bulan, kan? Kalau untuk perusahaan kami paling penting itu adalah hasil penjualan. Jadi, setiap akhir bulan kami menilai hasil bulan ini dan membuat rencana untuk bulan depan. |
| Alisa: | Saya mengerti. Bapak bersemangat, ya! |
| Ju Won: | Terima kasih, Ibu. |

| | |
|---|---|
| 알리사: | 주원 씨, 오늘 피곤해 보이네요. |
| 주원: | 네. 요즘 사무실에 일이 많아서 저는 잠을 잘 못 자요. 오늘 아침에 저는 버스 안에서 졸았어요. |
| 알리사: | 어머나, 안됐군요. 요즘 왜 그렇게 바쁘세요? |
| 주원: | 지금은 월말이잖아요? 저희 회사의 경우 가장 중요한 것은 매출 결과예요. 그래서 매달 말일 저희는 이번 달 실적을 평가하고 다음달을 위한 계획을 세워요. |
| 알리사: | 이해했어요. 힘내세요! |
| 주원: | 고맙습니다. |

## KOSAKATA BARU

**capek** 피곤한(구어체)

**akhir-akhir ini** 최근, 요즘

**kasihan** 안타깝다, 불쌍하다

**penting** 중요한

**hasil** 결과, 성과

**penjualan** 매출, 판매

**menilai** 평가하다

**membuat** 만들다

**rencana** 계획

**mengerti** 이해하다

**bersemangat** 힘내다, 파이팅

**kendaraan** 교통수단

**roda** 바퀴

**digunakan** 사용되는

**mengangkut** 싣다, 운송하다

**penumpang** 승객

**serta** 그리고, 및

**memuat** 싣다, 태우다

**berbagai** 다양한, 여러

**jenis** 종류

**antar jemput** 통근, 통학

**siswa** 학생

**pariwisata** 관광

**angkutan** 운송, 수송

**sehari-hari** 일상

**selain itu** 그 외에

**ukuran** 크기

**dilengkapi** 비치되다, 장착되다

**menyenangkan** 재미있다, 즐겁다

**jalan raya** 대로

**beraspal** 아스팔트로 포장된

**berjajar** 일렬로 서다, 나열되다

**menatap** 바라보다, 응시하다

145

## 접두사 ter-

접두사 ter-는 여러 의미를 가지고 있습니다. 그중에서 가장 빈번하게 사용되는 의미는 다음과 같습니다.

## 1 의도하지 않은, 고의적이지 않은 우연한 행동

Pagi ini saya tertidur di dalam bus.
오늘 아침에 저는 버스 안에서 졸았습니다(의도치 않게 자다).

Ibu itu terbangun pagi-pagi karena anaknya menangis.
그분은 아침 일찍 깼는데(의도치 않게 일어나다) 왜냐하면 그의 아이가 울었기 때문입니다.

Makanan yang busuk itu termakan oleh mereka.
그들은 그 상한 음식을 모르고 먹었습니다(의도치 않게 먹다).

Maaf, saya terlambat.
죄송합니다, 제가 늦었습니다(의도치 않게 늦다).

## 2 최상급(paling과 동일한 의미)

Ibu Yuli tercantik.
율리 씨가 가장 예쁩니다.

Hp dia hp yang terbaru.
그의 휴대폰은 최신입니다.

Jalan itu terpanjang di antara jalan-jalan di Jakarta.
그 길은 자카르타의 길 중에서 가장 깁니다.

Apartemen itu terbesar di kota.
그 아파트는 도시에서 가장 큽니다.

## 3 수동태

Jendela kantor itu tertutup.
그 사무실 창문은 닫혔습니다.

Anjing itu tertabrak oleh mobil.
그 개는 차에 치였습니다.

Tas itu terbawa oleh dia.
그 가방은 그녀에 의해 가져와졌습니다.

Kami merasa tertipu oleh agen perusahaan gandungan itu.
우리는 그 가짜 회사 대리점에 속았다고 느낍니다.

## 4 가능성 표시

Gunung itu terdaki oleh dia.
그 산은 그가 올라갈 수 있습니다.

Suara mereka tidak terdengar oleh dia.
그들의 목소리는 그녀가 들을 수 없었습니다.

Cita-cita itu pasti terjangkau.
그 이상은 분명히 이루어질 수 있습니다.

Karangan itu terbaca oleh anak saya.
그 글은 저의 아이가 읽을 수 있습니다.

## 5 특정 행동에 기인한 상태

Tasnya terletak di atas meja.
그의 가방은 책상 위에 놓여 있습니다.

Itu terjatuh ke bawah.
그것은 아래로 떨어졌습니다.

Nama saya sudah terdaftar di sana.
저의 이름은 이미 거기에 등록되어 있습니다.

Nama itu tertulis.
그 이름은 적혔습니다.

## 6 계속적인 동작

Perahu itu terapung semalaman.
그 배는 밤새도록 떠 있었습니다.

Lampu ini terpasang sampai pagi.
이 전등은 아침까지 켜져 있었습니다.

Uang itu tersimpan dengan baik.
그 돈은 잘 보관되어 있습니다.

Pegunungan itu terlukis selamanya di memori setiap pengunjung.
그 산맥은 모든 방문객의 기억에 계속 남습니다.

🎧 14-2

## Bus

Bus merupakan kendaraan besar dan biasanya digunakan untuk mengangkut orang atau penumpang. Bus memiliki empat roda, badan yang panjang dan besar, serta dapat memuat banyak orang.

Di Indonesia terdapat berbagai macam jenis bus, yaitu bus untuk antar jemput siswa, bus pariwisata, dan bus angkutan sehari-hari.

Selain itu bus juga memiliki ukuran yang berbeda-beda. Bus besar yang biasanya digunakan untuk pariwisata dilengkapi dengan AC, selimut, bantal, toilet, dan televisi. Jenis bus ini memiliki fasilitas yang lengkap.

Melakukan perjalanan menggunakan bus sangat menyenangkan. Biasanya bus akan berjalan pada jalan raya beraspal dengan cepat. Kita bisa menikmati pemandangan di luar melalui jendela bus.

Ketika hujan turun dan jatuh di atas atap bus, maka akan terdengar suara berisik seperti dentuman drum.

버스

버스는 대형 교통수단이며 일반적으로 사람 혹은 승객을 싣기 위해 사용됩니다. 버스는 네 개의 바퀴와 길고 큰 차체를 가지고 있으며 많은 사람을 태울 수 있습니다.

인도네시아에는 여러 종류의 버스가 발견되며, 이는 즉 학생 통학을 위한 버스, 관광 버스 및 일상 운송 버스입니다.

그 외의 버스는 또한 서로 다른 크기를 가지고 있습니다. 일반적으로 관광을 위해 사용되는 대형 버스는 에어컨, 담요, 베개, 화장실 및 텔레비전이 비치되어 있습니다. 이 버스 종류는 완벽한 시설을 가지고 있습니다.

버스를 이용한 여행을 하는 것은 매우 즐겁습니다. 일반적으로 버스는 빠르게 아스팔트 대로를 지나게 됩니다. 우리는 버스 창문을 통해 밖의 경치를 즐길 수 있습니다.

비가 와서 버스 지붕 위에 떨어질 때, 드럼의 쿵쿵 소리와 같은 시끄러운 소리를 듣게 될 것입니다.

PERTANYAAN

**1**   Bus besar biasanya digunakan untuk apa?
대형 버스는 일반적으로 무엇을 위해 사용됩니까?

_____

**2**   Ketika hujan turun dan jatuh di atas atap, suaranya seperti apa?
비가 와서 지붕 위에 떨어질 때, 소리는 무엇과 같습니까?

_____

# Kosakata

대화는 어휘력 싸움이다.

## 질병 penyakit

| | | | | | |
|---|---|---|---|---|---|
| ☐ | rasa gatal | 가려움증 | ☐ | radang hati | 간염 |
| ☐ | masuk angin | 감기 | ☐ | perawatan | 간호 |
| ☐ | kena sakit | 병에 걸리다 | ☐ | perawat | 간호사 |
| ☐ | ketularan | 감염되다 | ☐ | penyakit paru-paru | 결핵 |
| ☐ | radang selaput mata | 결막염 | ☐ | tekanan darah tinggi | 고혈압 |
| ☐ | kejang urat | 경련 | ☐ | radang sendi | 관절염 |
| ☐ | patah tulang | 골절 | ☐ | penyakit bronkhitis | 기관지염 |
| ☐ | muntahan | 구토 | ☐ | sembuh | 회복하다 |
| ☐ | batuk | 기침 | ☐ | gegar otak | 뇌진탕 |
| ☐ | penyakit pitam | 뇌졸중 | ☐ | sakit kepala | 두통 |
| ☐ | penyakit mata | 눈병 | ☐ | virus | 바이러스 |
| ☐ | radang usus buntu | 맹장염 | ☐ | lebam | 반점 |
| ☐ | plester | 반창고 | ☐ | sembelit | 변비 |
| ☐ | penyakit | 질병 | ☐ | menceret | 설사 |
| ☐ | luka | 상처 | ☐ | bedah operasi | 수술 |
| ☐ | cacar air | 수두 | ☐ | dokter hewan | 수의사 |
| ☐ | dokter | 의사 | ☐ | keracunan makanan | 식중독 |
| ☐ | transfusi darah | 수혈 | ☐ | pingsan | 기절 |
| ☐ | penyakit syaraf | 신경질환 | ☐ | alergi | 알레르기 |
| ☐ | air muka | 안색 | ☐ | salep | 연고 |
| ☐ | alkohol | 알코올 | ☐ | kekurangan gizi | 영양실조 |
| ☐ | radang | 염증 | ☐ | suntik | 주사 |
| ☐ | penularan | 전염 | ☐ | nyeri | 통증 |
| ☐ | pemeriksaan | 진찰 | | | |

**1** 다음 접두사 ter- 단어를 사용하여 문장을 만들어 보세요.

❶ tertidur

_____

❷ terpanjang

_____

❸ tertipu

_____

**2** 다음 빈칸에 알맞은 접두사 ter- 단어를 넣어 문장을 완성해 보세요.

❶ Maaf, Ibu guru, saya _____. 선생님 죄송합니다, 제가 늦었습니다.

❷ Barang itu _____. 그 물건이 가장 큽니다.

❸ Gedung itu _____ di Jakarta Barat. 그 건물은 서부 자카르타에 위치해 있습니다.

❹ Data itu masih _____ di database. 그 데이터는 데이터베이스에 아직 보관되어 있습니다.

**3** 다음 제시된 접두사 ter-가 사용된 단어로 문장을 만들어 보세요.

❶ 그녀는 자주 미소를 짓습니다. [tersenyum]

_____

❷ 그 학생은 웃습니다. [tertawa]

_____

❸ 저는 그 그림에 흥미를 느꼈습니다. [tertarik]

_____

❹ 제 친구는 지금 졸고 있습니다. [tertidur]

_____

다음 상황을 읽고 알맞은 접두사 ter- 단어를 넣어 빈칸을 채워 보세요.

**❶**

> 남자가 여자의 노트북을 보면서 새로 샀는지 묻자, 여자는 최신 노트북으로 샀다고 대답한다.

A: Anda membeli laptop?

B: Ya, saya membeli laptop _____ .

**❷**

> 남자가 여자에게 길 건너편의 차에 치인 고양이를 가리키자, 여자는 불쌍하다고 말하고 있다.

A: Kucing itu _____ oleh mobil!

B: Aduh, kasihan.

**❸**

> 남자가 자신이 졸아서 미안하다고 여자에게 말하자, 여자가 안쓰러운 듯한 표정으로 남자를 쳐다보고 있다.

A: Maaf, saya _____ .

B: Oh, Anda pasti capai.

**❹**

> 남자와 여자가 길 건너편에 있는 알리사를 보면서, 알리사가 가장 예쁘다고 대화하고 있다.

A: Alisa _____ !

B: Ya, betul. Dia paling cantik di dalam kampus.

듣기

경청은 지혜의 특권이다.

# Mendengar

🎧 14-3

**1** Alisa와 Ju Won의 대화를 듣고 빈칸을 채운 뒤 큰 소리로 따라 읽어 보세요.

Alisa: Bapak Juwon, kelihatannya _____ hari ini.

Ju Won: Ya. _____ _____ saya ada banyak pekerjaan di kantor, jadi saya kurang tidur. Pagi ini saya _____ di dalam bus.

Alisa: Aduh, _____. Kenapa begitu sibuk akhir-akhir ini?

Ju Won: Karena sekarang _____ _____, kan? Kalau untuk _____ kami paling penting itu adalah _____ _____. Jadi, setiap akhir bulan kami _____ hasil bulan ini dan _____ rencana untuk bulan depan.

Alisa: Saya _____. Bapak _____, ya!

Ju Won: Terima kasih, Ibu.

**2** 녹음을 듣고 빈칸을 채워 보세요.

❶ Mereka _____ oleh orang itu.

❷ Barang itu _____ saya.

❸ Dia _____ di antara teman-temannya.

❹ Waktu itu dia _____.

# Menulis

1  알맞은 접두사 ter- 단어가 사용된 인도네시아어 문장을 해석하세요.

**1**  Tas berat itu terbawa oleh ayahnya.

_____

**2**  Semuanya 4 orang termasuk saya.

_____

**3**  Rumah itu sudah terjual.

_____

**4**  Orang tersebut itu adalah bapak Deni.

_____

**5**  Cita-cita itu pasti terjangkau oleh dia.

_____


2  접두사 ter-가 사용된 단어를 사용하여 한국어 문장을 인도네시아어로 번역하세요.

**1**  어제 그 사람은 버스에서 졸았습니다.

_____

**2**  제 아이는 그녀의 반에서 가장 예쁩니다.

_____

**3**  그 민족은 이미 둘로 나뉘어졌습니다.

_____

**4**  그 집은 전소되었습니다.

_____

**5**  이것이 가장 좋은 종류입니다.

_____

# Pelajaran 15

## Setahu Saya Dia Belum Datang

제가 알기로는 그는 아직 오지 않았습니다

핵심
문법
표현

**1** Setahu saya dia belum datang.
제가 알기로는 그는 아직 오지 않았습니다

**2** Suami dan saya sependapat.
남편과 저는 같은 의견을 가지고 있습니다

**3** Saya sedang mencari sebuah contoh.
저는 한 개의 예시를 찾고 있습니다

**4** Setibanya di Indonesia, dia pergi ke rumah orang tua.
인도네시아에 도착하자마자, 그는 그의 부모님 집으로 갔습니다

# Percakapan

인류는 소통하였기에 생존하였다.

🎧 15-1

**Alisa:** Bapak Juwon, sudah menyiapkan rapat jam 9 pagi? Sekarang sudah jam 8.50.

**Ju Won:** Ya, saya sudah menyiapkan rapatnya. Anggota tim kita juga sudah berkumpul di ruang rapat.

**Alisa:** Di mana bapak Deni? Setahu saya dia belum datang.

**Ju Won:** Betul, saya barusan dapat telepon dari dia. Katanya dia akan sampai jam 9 tepat. Jalanan macet sekali.

**Alisa:** Kalau Jakarta setiap hari macet, kan? Supaya tidak terlambat harus cepat berangkat. Omong-omong, apa topik rapat pagi ini?

**Ju Won:** Tentang cabang Bandung. Khususnya tentang keluhan pelayanan.

---

| | |
|---|---|
| 알리사: | 주원 씨, 아침 9시 회의 준비했나요? 지금 벌써 8시 50분이네요. |
| 주원: | 네, 저는 회의를 준비했습니다. 저희 팀원도 회의실에 이미 모였습니다. |
| 알리사: | 데니 씨는 어디에 있나요? 제가 알기로는 그는 아직 오지 않은 것 같은데요. |
| 주원: | 맞습니다, 저는 방금 그로부터 전화를 받았는데요. 9시 정각에 도착할 예정이라고 했습니다. 길이 매우 막힌다고 합니다. |
| 알리사: | 자카르타는 매일 막히지 않나요? 늦지 않도록 일찍 출발해야죠. 그나저나 오늘 아침 회의 주제는 무엇인가요? |
| 주원: | 반둥 지점에 관한 것입니다. 특히 서비스 불만에 관한 것입니다. |

---

## KOSAKATA BARU

**menyiapkan** 준비하다

**anggota** 회원

**berkumpul** 모이다

**ruang** 실

**tepat** 정각, 정확히

**macet** 막히다

**berangkat** 출발하다

**cabang** 지점

**khususnya** 특히

**keluhan** 불평, 불만

**pelayanan** 서비스

**kampung** 고향, 시골

**pendapat** 의견

**mengunjungi** 방문하다

**dosen** 교수

**ambil** 집다, 취하다

**penduduk** 주민

**berkonsentrasi** 집중하다

**kejadian** 사건

**kemiskinan** 가난

**masyarakat** 사회

**menyebabkan** 야기시키다

**ketimpangan** 불평등, 불균형

**permasalahan** 문제

**hal** 사항

**bahkan** 더욱이, 게다가

**zaman dahulu** 오래전

**terlepas** 벗어나다

**perbedaan** 차이, 다름

**tercipta** 창조하다, 생성하다

**menakutkan** 무서워하다, 두려워하다

**menimbulkan** 초래하다

**merajalela** 만연한

**mengubah** 바꾸다, 변화하다

155

## 접두사 se-

접두사 se-는 여러 의미를 가지고 있습니다. '∼하는 만큼', '∼하는 한', '전체' 의미 외에도 다음과 같이 다양한 의미로 표현됩니다.

### 1 같은 – sama

'동일한', '같은'의 의미를 지닌 'sama'의 축약형으로서 사용되며, 수식하는 단어 앞에 위치하여 사용됩니다. 하지만 모든 sama를 se로 축약할 수 있는 것은 아니며, 문장의 서술어로 사용하거나 동사를 수식하는 부사, 명사를 수식하는 수식어로도 사용할 수 있습니다.

Dia teman sekantor saya.
그는 제 동료입니다.

Ternyata saya sekantor dengan teman SMA saya.
알고보니 저는 제 고등학교 친구와 같은 사무실입니다.

Kami tinggi serumah.
우리는 같은 집에 거주합니다.

Suami dan saya punya sependapat.
남편과 저는 같은 의견을 가지고 있습니다.

### 2 하나 – satu

숫자 1, 즉 '하나'라는 의미의 'satu'의 축약형으로 사용되며, 수식하는 단어 앞에 위치하여 사용됩니다.

Saya bertemu dengan seorang wanita di kafe.
저는 카페에서 한 명의 여성과 만났습니다.

Saya sedang mencari sebuah contoh.
저는 한 개의 예시를 찾고 있습니다.

Setiap pagi saya minum secangkir kopi.
매일 아침 저는 한 잔의 커피를 마십니다.

Saya ingin makan sepotong kue stroberi.
저는 한 조각의 딸기 케이크를 먹고 싶습니다.

언어는 본능이 아니다.

## 3 ~하자마자 – se~nya

Seperginya ke dapur, dia membuka pintu kulkas.
부엌에 가자마자, 그는 냉장고 문을 열었습니다.

Setibanya di Indonesia, dia pergi ke rumah orang tua.
인도네시아에 도착하자마자, 그는 그의 부모님 집으로 갔습니다.

Sepulangnya dari Korea, mereka menghadir rapat.
한국에서 귀국하자마자, 그들은 회의에 참석하였습니다.

Seturunnya dari kereta, dia bertemu dengan pacar.
기차에서 내리자마자, 그는 애인과 만났습니다.

## 4 ~만큼, ~하는 한 – se

Makan saja semau Anda.
당신이 원하는 만큼 드세요.

Saya mau ambil segini.
저는 이만큼 가지고 싶습니다.

Silakan pesan sesuka Anda.
당신이 좋은 만큼(좋은 대로) 주문하세요.

Setahu saya dia belum datang.
제가 알기로는 그는 아직 오지 않았습니다.

## 5 전체, 모든 – semua

Sekota itu menentang politik pemerintah.
그 도시 전체는 정부의 정책을 반대합니다.

Sepulau Bali beragama Hindu.
발리 섬 전체의 주민들은 힌두교입니다.

Seanggota bagian saya sudah pernah pergi ke Indonesia.
저의 부서의 모든 부서원은 인도네시아에 가본 적이 있습니다.

Dia adalah salah satu pemain sepak bola yang terbaik di sedunia.
그는 전 세계에서 가장 좋은 축구 선수 중 한 명입니다.

🎧 15-2

## Kemiskinan Masyarakat Menyebabkan Ketimpangan

Permasalahan kemiskinan sudah menjadi hal biasa di negeri ini. Bahkan sejak zaman dahulu Indonesia tidak pernah terlepas dari kemiskinan. Dari kemiskinan atau perbedaan ekonomi tersebut tercipta ketimpangan masyarakat dalam bersosial antara si kaya dan si miskin.

Pemerintah seharusnya lebih peduli tentang permasalahan kemiskinan yang merajalela di Indonesia. Seperti memberikan lapangan pekerjaan yang lebih banyak. Kemudian menghimbau masyarakat Indonesia agar tidak malas bekerja.

Untuk mengurangi persoalan tentang kemiskinan dan ketimpangan yang terjadi harus diselesaikan dengan serius. Hal tersebut juga bisa dilakukan dengan mengubah pola pikir dan pola perilaku masyarakat agar lebih semangat dalam bekerja. Hal ini demi menciptakan kemakmuran dan kesempatan setiap orang untuk hidup bahagia di negeri ini.

**불균형을 야기하는 사회 빈곤**

빈곤 문제는 이미 이 국가에서 일반적인 사항이 되어버렸습니다. 더욱이 오래 전부터 인도네시아는 빈곤에서 벗어난 적이 없습니다. 이러한 빈곤 혹은 경제 차이로부터 부유한 자와 빈곤한 자 간의 사회적 불균형이 생성되었습니다.

정부는 인도네시아에서 만연한 빈곤 문제에 관해 더욱 관심을 가졌어야 합니다. 이는 더욱 많은 일자리 기회 부여와 같은 것입니다. 그러고 나서 인도네시아 사회에게 노동하는 것에 게으르지 않도록 격려해야 합니다.

발생된 불균형과 빈곤에 관한 문제를 줄이기 위해 진지하게 해결되어야 합니다. 이는 또한 노동하는 데 더욱 의욕을 부여하기 위해 사회 사상의 전환과 행동양식을 바꿈으로써 이루어질 수 있습니다. 이 사항은 이 국가에서 행복한 삶을 살기 위해 모든 사람에게 기회와 복지를 창출하기 위함입니다.

PERTANYAAN

**1** Dari kemiskinan atau perbedaan ekonomi tercipta apa?

빈곤 혹은 경제 차이는 무엇을 생성하였습니까?

_____

_____

**2** Pemerintah seharusnya melakukan apa?

정부는 무엇을 행했어야만 합니까?

_____

_____

# Kosakata

대화는 어휘력 싸움이다.

## 재미있는 인도네시아 속담

- Air tenang jangan dikira tidak ada buayanya.
  잔잔한 물에 악어 없다고 생각 마라
  → 겉보기에는 점잖으나 속마음은 알 수 없다.

- Air susu dibalas air tuba.
  우유 받고 독약 준다
  → 은혜를 원수로 갚는다.

- Anggap angin lalu.
  지나간 바람처럼 여기다
  → 지나간 일들을 생각할 필요가 없다.

- Anjing galak, babi berani.
  개는 사납고, 돼지는 용감하다
  → 막상막하

- Bagai minum air bercacing.
  구더기 든 물을 마시는 것 같다
  → 하기 싫은 일을 억지로 하다.

- Belum duduk berlunjur dulu.
  앉지도 않고 다리 편다
  → 김칫국 먼저 마신다.

- Gajah seekor, dua gembala.
  코끼리 한 마리에, 목동은 두 명
  → 사공이 많으면 배가 산으로 간다.

- Kalau tidak ada api, tentu tidak ada asap.
  불이 없으면, 연기도 없다
  → 아니 땐 굴뚝에 연기나랴.

- Lain di mulut lain di hati.
  입 다르고 마음 다르다
  → 표리부동

- Mengairi sawah orang.
  남의 논에 물을 대다
  → 남의 이익이 되는 일을 해주다.

- Sambil menyelam minum air.
  잠수하면서 물 마시다
  → 일석이조

- Sudah menjadi abu arang.
  이미 재가 되어 버렸다
  → 완전히 부서져서 다시 회복할 수 없다.

- Sumur digali air datang.
  우물을 파면 물이 나온다
  → 열심히 일하면 결국 좋은 결과가 있다.

**1** 다음 접두사 se- 단어를 사용하여 문장을 만들어 보세요.

❶ sekantor

_____

❷ seorang

_____

❸ setahu

_____


**2** 다음 빈칸에 알맞은 접두사 se- 단어를 넣어 문장을 완성해 보세요.

❶ Mereka _____. 그들은 같은 고향 출신입니다.

❷ Jakarta memiliki _____ sungai. 자카르타는 강 하나를 가지고 있습니다.

❸ _____ di Korea, saya pergi ke rumah nenek.

한국에 도착하자마자, 저는 할머니 댁으로 갔습니다.

❹ Ada forum wanita _____ di Seoul. 서울에서 전 세계 여성포럼이 있습니다.


**3** 다음 제시된 접두사 se-가 사용된 단어로 문장을 만들어 보세요.

❶ 그는 더욱 열심히 일했어야만 했습니다. [seharusnya]

_____

❷ 현재 그 도시 전체는 위험합니다. [sekota]

_____

❸ 저는 이만큼을 먹고 싶습니다. [segini]

_____

❹ 그 섬 전체는 20개의 학교를 가지고 있습니다. [sepulau]

_____

# Berbicara

말할 권리는 절대 옹호한다.

말하기

다음 상황을 읽고 알맞은 접두사 se- 단어를 넣어 빈칸을 채워 보세요.

**❶**

여자가 배가 고프다고 하자, 남자는 눈 앞에 있는 스낵을 가리키면서 원하는 만큼 집으라고 말한다.

A: Saya lapar sekali.

B: Ya, silakan ambil _____ Anda.

**❷**

남자가 그 가수는 매우 유명하다고 말하자, 여자가 동의하면서 전 세계 여성들이 그 가수를 좋아한다고 대답한다.

A: Penyanyi itu sangat terkenal.

B: Betul. Wanita _____ suka dia!

**❸**

여자가 남자에게 당신의 의견은 어떤지 묻자, 남자는 같은 의견이라고 대답한다.

A: Bagaimana pendapat Anda?

B: Saya _____ dengan Anda.

**❹**

남자가 여자에게 차가 몇 대 있는지 묻자, 여자는 한 대가 있다고 대답한다.

A: Anda punya berapa buah mobil?

B: Saya punya _____ mobil.

161

🎧 15-3

**1**  Alisa와 Ju Won의 대화를 듣고 빈칸을 채운 뒤 큰 소리로 따라 읽어 보세요.

| | |
|---|---|
| Alisa: | Bapak Juwon, sudah _____ _____ jam 9 pagi? Sekarang sudah jam 8.50. |
| Ju Won: | Ya, saya sudah menyiapkan rapatnya. _____ tim kita juga sudah _____ di ruang rapat. |
| Alisa: | Di mana bapak Deni? _____ saya dia belum datang. |
| Ju Won: | Betul, saya barusan dapat telepon dari dia. Katanya dia akan sampai jam 9 tepat. _____ macet sekali. |
| Alisa: | Kalau Jakarta setiap hari macet, kan? _____ tidak terlambat harus cepat _____. Omong-omong, apa topik rapat pagi ini? |
| Ju Won: | _____ cabang Bandung. _____ tentang keluhan pelayanan. |

**2**  녹음을 듣고 빈칸을 채워 보세요.

❶ _____ saya, itu kurang bagus.

❷ _____ dia belum datang.

❸ Itu ditentukan _____ pemerintah.

❹ Di kafe ada _____ wanita.

# Menulis

쓰기는 의식을 재구조한다.

**1** 알맞은 접두사 se- 단어가 사용된 인도네시아어 문장을 해석하세요.

**①** Sebaiknya kita pergi dulu.

_____

**②** Sebenarnya dia sombong.

_____

**③** Setibanya di Indonesia, saya makan nasi capcai.

_____

**④** Silakan pesan sesuka Anda.

_____

**⑤** Mereka teman sekantor.

_____


**2** 접두사 se-가 사용된 단어를 사용하여 한국어 문장을 인도네시아어로 번역하세요.

**①** 제가 알기로는 그 사람은 매우 착합니다.

_____

**②** 저는 데니 씨와 같은 의견입니다.

_____

**③** 우리는 같은 캠퍼스 친구입니다.

_____

**④** 당신이 원하는 만큼 드세요.

_____

**⑤** 모든 팀원은 오늘 회의에 참석합니다.

_____

**Pelajaran 01**

## Bacaan [읽기]

1 Jurusan Yola adalah Biologi dan jurusan Yuli adalah bahasa Indonesia.

2 Dia akan datang di Korea untuk bertemu ibu Yuli.

## Latihan [연습]

1 ❶ Bagaimana kabar dia?
❷ Kapan Anda menikah?
❸ Anda berasal dari mana?

2 ❶ **Siapa** orang itu?
❷ **Apa** barang ini?
❸ **Mengapa** Anda belajar bahasa Indonesia?
❹ Bapak Deden sedang pergi **ke mana**?

3 ❶ Kantor dia ada di mana?
❷ Siapa nama Anda?
❸ Anda mau yang mana?
❹ Bagaimana pendapat Anda?

## Berbicara [말하기]

❶ **Berapa** harga itu?
❷ **Apa** pekerjaan Anda?
❸ Anda tinggal **di mana**?
❹ **Kapan** Anda akan pulang?

## Mendengar [듣기]

1

| | |
|---|---|
| Alisa: | Ada yang **bisa** saya bantu? |
| Ju Won: | Ya, saya ingin **melihat-lihat** pul pen. |
| Alisa: | Pulpen di sini bagus-bagus. |
| Ju Won: | **Berapa** harga pena Parker ini? |
| Alisa: | **Ini** Rp 150.000,00 Pak. |
| Ju Won: | Baik. |

2 ❶ **Siapa** orang itu?
❷ Anda mau makan **apa**?
❸ **Berapa** orang yang bekerja di kantor Anda?

❹ Rumah Anda ada **di mana**?

## Menulis [쓰기]

1 ❶ 왜 당신은 그 레스토랑을 좋아합니까?
❷ 당신의 나이는 몇 살입니까?
❸ 언제 밤방 선생님은 서울로 갑니까?
❹ 당신은 어디로부터 왔습니까?
❺ 언제 당신은 근무가 끝납니까?

2 ❶ Anda bekerja di mana?
❷ Anda punya berapa orang anak?
❸ Dia membawa tas ini dari mana?
❹ Mengapa Anda suka bahasa Indonesia?
❺ Anda suka buah apa?

**Pelajaran 02**

## Bacaan [읽기]

1 Mereka pergi ke Yogyakarta untuk berlibur akhir minggu lalu.

2 Mereka berkunjung ke Keraton Yogyakarta.

## Latihan [연습]

1 ❶ Saya belum menikah.
❷ Saya tidak suka kopi.
❸ Dia bukan orang Indonesia.
❹ Saya mau minum kopi tanpa gula.

2 ❶ Apakah Anda **bisa** berbahasa Indonesia?
❷ **Boleh** saya masuk?
❸ Anda **harus** datang ke sini.
❹ Saya **perlu** minum obat.

3 ❶ Saya sedang belajar bahasa Indonesia.
❷ (Apakah) dia akan pakai barang ini?
❸ Dia sudah 10 tahun inggal di sini.
❹ Teman saya sedang makan.

## Berbicara [말하기]

❶ **Bukan**, saya **bukan** orang Indonesia.
❷ **Belum**, saya **belum** menikah.
❸ **Tidak**, saya **tidak** lapar.
❹ Saya mau minum kopi **tanpa** gula.

## Mendengar [듣기]

**1**

| Alisa: | Apakah Anda **bisa** berbahasa Indonesia? |
|---|---|
| Ju Won: | Saya belum **bisa** berbahasa Indonesia. |
| Alisa: | **Sudah** berapa lama Anda belajar bahasa Indonesia? |
| Ju Won: | Hanya 1 bulan. |
| Alisa: | **Tetapi** Anda bisa mengerti bahasa Indonesia! |
| Ju Won: | Sedikit saja. |

**2**
1. Ini **bukan** tas saya.
2. Dia **bisa** memasak nasi goreng?
3. Saya **akan** belajar sendiri.
4. Saya **tidak** suka berjalan-jalan.

## Menulis [쓰기]

**1**
1. 어제 그는 잠을 덜 자서, 그는 이미 졸립니다.
2. 저는 신속히 병원으로 가야 합니다.
3. 저는 이미 약속이 있습니다.
4. 그는 비자를 연장할 필요가 있습니다.
5. 저는 다시 만나기를 원합니다.

**2**
1. Anak itu bukan anak saya.
2. Saya tidak bisa memasak mi goreng.
3. Saya belum makan siang.
4. Saya tidak suka berbelanja.
5. Dia pergi tanpa salam.

Pelajaran
**03**

## Bacaan [읽기]

**1** Nama dia Ali Dinarja.

**2** Dia guru.

## Latihan [연습]

**1**
1. para laki-laki
2. anak-anak
3. teman-teman
4. buku-buku

**2**
1. **Anak-anak** itu ada di mana?
2. Dia membaca **buku** saya.
3. **Para** guru sedang ada di sana.
4. Saya punya 2 **buah** mobil.

**3**
1. Dia makan malam di rumah.
2. Saya belajar bahasa Indonesia.
3. Buku saya ada di meja.
4. Saya suka nasi goreng.

## Berbicara [말하기]
1. Dia **teman** saya.
2. Anda punya **anak**?
   Ya, saya punya dua orang **anak**.
3. Saya membaca **buku**.
4. Saya belajar **bahasa** Indonesia.

## Mendengar [듣기]

**1**

| Alisa: | Siapa **anak laki-laki** itu? |
|---|---|
| Ju Won: | **Anak laki-laki** itu anak saya. Nama dia Si Won. |
| Alisa: | Oh, begitu. Dia **suka** apa? |
| Ju Won: | Dia **suka membaca** buku. Dia sudah punya **banyak** buku. |
| Alisa: | Sekarang saya punya dua **buah** buku. |
| Ju Won: | Saya mau **lihat** itu! |

**2**
1. Anda mau lihat **apa**?
2. Dia sudah **punya** 2 orang anak.
3. **Siapa** anak itu?
4. **Hobi** saya membaca buku.

## Menulis [쓰기]

**1**
1. 저는 볶음국수를 먹고 그(그녀)는 커피를 마십니다.
2. 얀또 씨는 사무실에서 일합니다.
3. 그들은 친구들과 축구를 합니다.
4. 학생들은 인도네시아어를 공부합니다.
5. 그 캠퍼스는 매우 좋습니다.

**2**
1. Hadi belajar bahasa Inggris di sekolah.
2. Saya membeli makanan dan dia membeli air.

❸ Saya tinggal di Won Ju dengan keluarga.
❹ Rumah mereka besar.
❺ Orang Indonesia suka Korea.

**Pelajaran 04**

## Bacaan [읽기]

1 Pada pagi hari cuaca Bekasi cerah.
   Pada siang dan malam hari cuaca Bekasi berawan.
2 Pada siang hari hujan turun di Bogor.

## Latihan [연습]

1 ❶ Dia lebih tinggi daripada saya.
   ❷ Saya sama cantik dengan dia.
   ❸ Dia paling pintar.

2 ❶ Dia **sepintar** ayahnya.
   ❷ Saya **paling** cantik di sini.
   ❸ Bapak Dodi **sama** kaya **dengan** saya.
   ❹ Dia **lebih** ganteng **daripada** teman dia.

3 ❶ Dia rajin.
   ❷ Barang ini bagus.
   ❸ Dia indah.
   ❹ Saya membeli hp baru.

## Berbicara [말하기]

❶ Saya **sama** tinggi **dengan** bapak Hadi.
❷ Hari ini **lebih** cerah **daripada** kemarin.
❸ Anda **paling** suka makanan apa?
   Saya **paling** suka nasi goreng.
❹ Dia **seumur dengan** saya.

## Mendengar [듣기]

1
| | |
|---|---|
| Alisa: | Hari ini **panas** sekali. |
| Ju Won: | Ya, betul. Indonesia adalah negara tropis, maka **selalu** panas. |
| Alisa: | Bagaimana dengan **cuaca** Korea? |

| | |
|---|---|
| Ju Won: | Cuaca Indonesia **lebih** panas **daripada** cuaca Korea. Kalau Korea memiliki empat **musim**. |
| Alisa: | Empat musim itu apa saja? |
| Ju Won: | Musim semi, musim panas, musim gugur, dan musim dingin. Saya **paling** suka musim gugur. |

2 ❶ Itu **paling** mahal.
   ❷ Sekarang Korea **musim semi**.
   ❸ Negara Indonesia **memiliki** dua musim.
   ❹ **Hari ini** panas **sekali**.

## Menulis [쓰기]

1 ❶ 이 얇은 책은 유명한 책입니다.
   ❷ 그(그녀)의 소식은 좋습니다.
   ❸ 제 자동차는 새것입니다.
   ❹ 그 강은 더럽습니다.
   ❺ 그 쇼핑몰은 매우 큽니다.

2 ❶ Cuaca hari ini sangat cerah(cerah sekali).
   ❷ Karyawan itu selalu rajin.
   ❸ Sekarang cuaca Korea dingin.
   ❹ Kamar dia bersih.
   ❺ Sekarang Bandung sejuk.

**Pelajaran 05**

## Bacaan [읽기]

1 Hobinya menulis.
2 Ayah dia mengajarkan dia bagaimana menulis.

## Latihan [연습]

1 ❶ Dia sering pergi ke mal itu.
   ❷ Saya kadang-kadang bertemu dengan dia.
   ❸ Mereka jarang berbicara.

2 ❶ Akhir-akhir ini saya **selalu** capai.
   ❷ Dia sedang bekerja **pelan-pelan**.

❸ Itu masih berfungsi **dengan** baik.

❹ Masalah itu diselesaikan **secara** damai.

**3** ❶ Sebenarnya saya tidak tahu itu.

❷ Itu dompetnya.

❸ Kelihatannya dia capai.

❹ Alasannya tidak tepat.

## Berbicara [말하기]

❶ Saya **selalu** tidur jam 11 malam.

❷ Saya terlambat, jadi harus pergi **cepat-cepat**.

❸ Tidak, saya **jarang** pakai bus.

❹ Berapa **berat badan** Anda? **Berat badan** saya 75 kg.

## Mendengar [듣기]

**1**

> Ju Won: Apakah ibu Alisa **sering** pergi ke Indonesia?
>
> Alisa: Ya, saya **sering** pergi ke Indonesia karena orang tua saya tinggal di Jakarta. Bagaimana dengan bapak Ju Won?
>
> Ju Won: Saya juga **sering** pergi ke Indonesia.
>
> Alisa: Oh, kenapa?
>
> Ju Won: **Karena** hobi saya **berjalan-jalan**. Saya suka **berwisata** ke luar negeri.
>
> Alisa: Oh, iya?

**2** ❶ Dia menjawab **cepat-cepat**.

❷ Mereka **sering** datang di sini.

❸ Kami **jarang** bertemu.

❹ Dia **selalu** bersemangat.

## Menulis [쓰기]

**1** ❶ 저는 쉬면서 스트레스를 해소합니다.

❷ 당신은 이미 여기에 왔어야 합니다.

❸ 저는 그의 책을 빌리고 싶습니다.

❹ 그것의 높이는 2미터입니다.

❺ 그들은 거의 싸우지 않습니다.

**2** ❶ Dia selalu bekerja dengan rajin di kantor.

❷ Kakak perempuan saya sering pergi ke mal.

❸ Dia berlari cepat-cepat.

❹ Sebenarnya dia tidak pernah datang di Jakarta.

❺ Biasanya orang Korea suka mendaki gunung.

Pelajaran **06**

## Bacaan [읽기]

**1** Sarana pengangkutan yang menghubungkan dua tempat yang berjauhan melalui darat.

**2** Becak dan sepeda.

## Latihan [연습]

**1** ❶ Saya pergi ke kantor dengan mobil.

❷ Dia datang ke sini untuk bertemu pacarnya.

❸ Dia tinggal di Jakarta selama 2 tahun.

**2** ❶ Dia masuk **dari** pintu nomor 1.

❷ Saya mau membuat laporan **sampai** jam 6 sore.

❸ Saya pergi ke Indonesia **dengan** pesawat.

❹ Anda harus bekerja **seperti** dia.

**3** ❶ Anak saya pulang dari sekolah.

❷ Dia sangat rajin selama bekerja.

❸ Dia pergi ke rumah makan untuk makan siang(untuk makan siang dia pergi ke rumah makan).

❹ Saya belum tahu tentang itu.

## Berbicara [말하기]

❶ Saya belajar **dengan** ibu Yuli.

❷ Anda sedang pergi **ke** mana? Saya sedang pergi **ke** toilet.

❸ Toko baju itu jauh **dari** sini?
Ya, toko baju itu jauh **dari** sini.
❹ **Sampai** jam berapa Anda bisa datang?
Saya bisa datang **sampai** jam 5 sore.

## Mendengar[듣기]

**1**

| | |
|---|---|
| Ju Won: | Apa kabar? Ibu datang **dari** mana? |
| Alisa: | Baik-baik saja. Saya barusan datang **dari** kantor. |
| Ju Won: | Apakah kantor Anda **jauh** dari sini? |
| Alisa: | Ya, cukup **jauh**. Dari kantor saya ke sini **memakan** waktu 1 jam. |
| Ju Won: | Oh, cukup jauh. |
| Alisa: | **Kalau** macet, bisa 1 jam 30 menit juga. |

**2** ❶ Dia sudah bekerja di sini **selama** satu bulan.
❷ Kapan Anda mau datang **ke** sini?
❸ Kemarin saya bertemu **dengan** dia.
❹ Sepatu itu **untuk** siapa?

## Menulis[쓰기]

**1** ❶ 당신의 집에는 몇 개의 방이 있습니까?
❷ 그 가장 큰 방은 누구를 위한 것입니까?
❸ 저는 택시를 타고 그 쇼핑몰로 갑니다.
❹ 저는 율리 씨와 인도네시아어를 공부합니다.
❺ 그(그녀)는 그(그녀)의 반에서 자주 좁니다.

**2** ❶ Dia sudah tahu tentang buku itu.
❷ Anda belajar bahasa Indonesia di mana?
❸ Saya pernah pergi ke Indonesia dengan teman-teman.
❹ Alisa sudah berangkat ke tempat itu.
❺ Dari sini sampai sekolah memakan waktu berapa jam?

Pelajaran
**07**

## Bacaan[읽기]

**1** Mereka makan malam jam 6:30 malam.
**2** Dia membantu anak-anak dia belajar.

## Latihan[연습]

**1** ❶ Hari ini hujan tetapi saya tidak membawa payung.
❷ Mereka makam siang kemudian minum kopi.
❸ Saya pernah pergi ke Taman Safari waktu saya tinggal di Indonesia.

**2** ❶ Saya belajar bahasa Indonesia **dan** dia membaca buku.
❷ **Setelah(Sesudah)** selesai bekerja, saya akan pulang ke rumah.
❸ Saya lapar **tetapi** tidak ada makanan.
❹ **Sesudah(Setelah)** sarapan, dia langsung keluar.

**3** ❶ Saya tidak bisa bekerja karena sakit parah.
❷ Kalau pergi ke Indonesia, saya mau bertemu teman.
❸ Supaya mendapat skor tinggi, saya harus belajar dengan rajin.
❹ Saya punya janji jadi pergi ke mal.

## Berbicara[말하기]

❶ Saya mau pesan mi goreng **dan** kopi.
❷ **Kalau** Anda pergi ke Bandung, Anda mau melakukan apa?
**Kalau** saya pergi ke Bandung, saya mau berkunjung ke gunung berapi.
❸ Saya sedang pergi ke rumah sakit **karena** sakit perut.
❹ **Setelah** makan siang, Anda mau apa?
**Setelah** makan siang, saya mau minum teh.

## Mendengar [듣기]

**1**

Alisa: **Setelah** pulang kantor, Bapak Juwon biasanya melakukan apa?

Ju Won: Biasanya saya bermain dengan anak-anak saya. Bagaimana dengan Ibu Alisa?

Alisa: **Biasanya** saya memasak makan malam untuk keluarga saya. **Waktu** saya memasak, suami saya membersihkan rumah.

Ju Won: **Kalau** saya setelah anak-anak saya tidur, saya mengobrol dengan istri.

Alisa: Bagus. Saya menonton televisi **sebelum** tidur.

**2**
1. Saya akan beristirahat **setelah** pulang kerja.
2. Dia sudah tidur **karena** sangat capai.
3. Anda harus mencuci tangan dulu **sebelum** makan.
4. Biasanya saya bangun pada jam 7 pagi **kemudian** sarapan.

## Menulis [쓰기]

**1**
1. 집에 도착한 후에, 저는 바로 잡니다.
2. 그는 그의 아내가 출발한 이후에 여기로 옵니다.
3. 그들은 돌아가기 전에 영화를 볼 예정입니다.
4. 그들이 회의할 때, 저는 보고서를 만듭니다.
5. 당신은 앉기를 원합니까 혹은 서있기를 원합니까?

**2**
1. Dia bertemu teman dan datang lagi ke kantor.
2. Kalau saya pergi ke tempat itu, saya mau berbelanja.
3. Saya akan belajar dengan rajin supaya bisa berbicara dengan orang Indonesia.
4. Meskipun sibuk, dia sudah berkunjung tempat ini.
5. Dia lancar berbahasa Indonesia karena pintar.

Pelajaran **08**

## Bacaan [읽기]

**1** Wajah-wajah aktor atau penyanyi yang bisa dibilang berwajah "flower boy" atau lelaki cantik.

**2** Kalangan remaja.

## Latihan [연습]

**1**
1. Dia mau membeli sepatu yang berwarna merah itu.
2. Mobil itu dipakai oleh suami saya.
3. Jendela itu tertutup.

**2**
1. Film itu **ditonton** oleh dia.
2. Mereka **dipanggil** oleh gurunya.
3. Nasi goreng **dimasak** oleh ibunya.
4. Buku itu **diambil** oleh mereka.

**3**
1. Saya suka rumah yang besar dan luas.
2. Dia membaca buku yang menarik.
3. Warna yang saya suka itu adalah warna kuning.
4. Yang paling bagus adalah (benda) itu.

## Berbicara [말하기]

1. Pakaian itu harus **dicuci**!
2. Rumah saya adalah rumah **yang** berwarna abu-abu.
3. Maaf. Kemarin saya tidak tidur jadi saya **tertidur**.
4. Akhir-akhir ini musik **yang** cepat dan enak didengar itu yang popular.

## Mendengar [듣기]

**1**

Ju Won: Ibu Alisa suka **penyanyi** Korea?

Alisa: Iya, saya suka sekali penyanyi Korea. Saya paling suka BTS!

Ju Won: Oh, penyanyi itu **digemari** **oleh** banyak penggemar.

Alisa: Betul. Mereka sangat **terkenal** di seluruh dunia. Bagaimana dengan Bapak Juwon?

Ju Won: Kalau saya, saya paling suka EXO. Saya suka penyanyi **yang pandai** menyanyi dan menari!

Alisa: BTS juga **pandai**!

**2**
1. Surat itu Anda **tulis**.
2. Coca-cola itu saya **minum**.
3. Lukisan itu Anda **gambar**.
4. Jendela itu sudah **tertutup**.

## Menulis [쓰기]

**1**
1. 책을 읽고 있는 사람은 제 친구입니다.
2. 인도네시아어를 가르치는 선생님은 저녁식사를 하고 있는 중입니다.
3. 저는 반둥 출신인 사람을 가장 좋아합니다.
4. 당신의 집은 어느 것입니까?
5. 그가 원하는 것은 새로운 물건입니다.

**2**
1. Mobil ayah saya cuci.
2. Majalah itu saya beli.
3. Tas itu tidak dibawa oleh dia.
4. Toko buku itu tertutup.
5. Kemarin saya kehujanan.

Pelajaran
**09**

## Bacaan [읽기]

**1** Pocari Sweat

**2** Rp.6.300,–

## Latihan [연습]

**1**
1. Pagi ini saya bangun jam 7.
2. Tas itu berwarna coklat.
3. Dia melihat pacarnya.

**2**
1. Pria itu **bersepeda motor**.
2. Kucing saya sudah **beranak**.
3. Mawar itu belum **berkembang**.
4. Mereka **bermain** di belakang rumah.

**3**
1. Dia mengajar bahasa Indonesia.
2. Dia memasak.
3. Orang itu sering membantu saya.
4. Teman saya memakai laptop saya.

## Berbicara [말하기]

1. Jam berapa Anda **bangun** hari ini? Saya **bangun** jam 6 pagi.
2. Ya, saya harus **mencuci** tangan.
3. Anda sering **bermain** sepak bola? Tidak, saya tidak sering **bermain** sepak bola.
4. Saya sedang **mengirim** email.

## Mendengar [듣기]

**1**

Ju Won: Apakah Ibu Alisa pernah **berbicara** dengan bapak Hadi?

Alisa: **Tentu saja**. Dia rekan sekantor saya. Kenapa?

Ju Won: Karena saya ada **rapat** dengan dia pada **minggu** **depan**, tetapi saya belum kenal.

Alisa: Iya, dia orang **yang** sangat baik dan ramah. **Omong-omong**, rapat tentang apa?

Ju Won: Oh, rapat tentang **pemasaran** produk baru.

Alisa: Oh, begitu. Produk apa?

**2**
1. Dia **naik** sepeda motornya.
2. Saya **memakai** itu.
3. Dia sudah lama **bertemu** saya.
4. Dia **menyikat** rambutnya.

## Menulis [쓰기]

**1**
1. 그는 그 사람을 알고 있습니다.
2. 그 사람은 제 지갑을 훔쳤습니다.
3. 제 아버지는 낚시하는 것을 좋아합니다.
4. 당신이 그 가게에 간다면, 이 길을 먼저 건너야 합니다.
5. 그는 저를 방해합니다.

**2**
1. Saya tidak mengerti buku itu.

❷ Saya mau berbicara dengan dia.

❸ Saya akan pergi ke tempat itu pada sore ini.

❹ Dia suka sekali makanan ini.

❺ Adik perempuan dia sudah sampai di tempat itu.

## Bacaan [읽기]

**1** Malioboro Garden Hotel terletak di area pusat kota Yogyakarta.

**2** Resepsionis 24 jam, layanan kamar 24 jam, Wi-fi di tempat umum, layanan kamar, kamar untuk keluarga, kamar bebas asap rook, AC, meja tulis, telepon di beberapa kamar.

## Latihan [연습]

**1** ❶ Dia sudah menjadi dewasa.

❷ Baju itu mengecil.

❸ Saya mau mengopi.

**2** ❶ Pendapatannya **membesar**.

❷ Wajahnya **memerah** sekarang.

❸ Sejarah negara itu **mengabadi**.

❹ Saya belajar **menyambal** dari ibu saya.

**3** ❶ Dia suka memasak.

❷ Keluarga saya sering menyate.

❸ Saya tidak pernah merokok.

❹ Orang Indonesia menggulai di rumah.

## Berbicara [말하기]

❶ Yani yang sedang **menari** di depan itu!

❷ Apakah Anda **merokok**?
Tidak, saya tidak **merokok**.

❸ Sudah **membaik**.

❹ Anda mau **mengopi**?
Tidak, saya sudah **mengopi**.

## Mendengar [듣기]

**1**

| Alisa: | Bapak sudah mendengar kabar bapak Agus? |
|---|---|
| Ju Won: | Belum, ada apa? |
| Alisa: | Dia sedang sakit kanker paru-paru, jadi dia **terpaksa berhenti** kerja juga. |
| Ju Won: | Aduh, **kasihan**. Saya pernah bekerja dengan dia, **waktu itu** bapak itu suka **merokok**. |
| Alisa: | Betul. Sudah lama dia merokok, **hampir** 30 tahun. Rokok memang tidak bagus untuk **kesehatan**. |
| Ju Won: | Tentu saja. |

**2** ❶ Dia sudah lama **merokok**.

❷ Suaranya **mengecil**.

❸ Sejak kecil, saya mau **menjadi** guru.

❹ Dia pandai **menari**.

## Menulis [쓰기]

**1** ❶ 태양은 점점 높아집니다.

❷ 그 나뭇잎들은 빨갛게 되고 있습니다.

❸ 그 소식은 새로운 소식 중 하나가 되었습니다.

❹ 그들은 무대에서 노래하고 있는 중입니다.

❺ 점심식사 후에, 저는 항상 커피를 마십니다.

**2** ❶ Hubungan dua orang itu sudah membaik.

❷ Saya mau menjadi teman dia.

❸ Apakah Anda suka memasak?

❹ Sapi itu sedang merumput.

❺ Orang Indonesia mengopi setiap hari.

## Bacaan [읽기]

**1** Ibu

**2** Dia harus mengikuti ujian akhir selama satu minggu di Bandung.

## Latihan [연습]

**1**
  ① Semoga Anda cepat sembuh.
  ② Saya berharap dia bisa berhasil.
  ③ Mudah-mudahan semua membaik.

**2**
  ① **Pakai(lah)** ini.
  ② **Dilarang** menyeberang.
  ③ **Jangan** berhenti!
  ④ **Tolong** bantu saya.

**3**
  ① Saya berharap Anda berbahagia.
  ② Semoga hal itu sukses.
  ③ Moga-moga hal itu cepat selesai.
  ④ Mudah-mudahan dia cepat datang.

## Berbicara [말하기]

  ① **Semoga** cepat sembuh!
  ② **Mudah-mudahan(Moga-moga)** Anda selamat.
  ③ **Jangan** masuk ke sini!
  ④ Oh, saya **berharap** Anda berhasil.

## Mendengar [듣기]

**1**

| | |
|---|---|
| Alisa: | Bagaimana bisnis baru Bapak Juwon? |
| Ju Won: | Iya, **lancar-lancar** saja. |
| Alisa: | Syukurlah. **Semoga** Bapak Juwon **sukses**. |
| Ju Won: | Iya, terima kasih banyak. Bagaimana dengan Ibu Alisa? **Katanya** Ibu diangkat menjadi kepala tim bulan lalu. Betul? |
| Alisa: | Ya, betul. Saya masih kurang tahu tentang tugas yang baru. Tetapi saya sedang **berusaha** supaya saya bisa sukses. |
| Ju Won: | Oh, begitu. Ibu pasti bisa! |
| Alisa: | Terima kasih. |

**2**
  ① **Semoga** dia cepat sembuh.
  ② **Mudah-mudahan** Anda bisa lulus ujian itu.
  ③ **Jangan** masuk sekarang!
  ④ **Jangan** merokok!

## Menulis [쓰기]

**1**
  ① 오늘 더 좋기를 바랍니다.
  ② 그(그녀)의 꿈이 이루어지기를 바랍니다.
  ③ 그(그녀)가 그것을 듣기를 바랍니다.
  ④ 저는 당신의 아버지께서 건강하게 여기에 오실 수 있기를 바랍니다.
  ⑤ 저는 그(그녀)가 그 학교에 들어오기를 바랍니다.

**2**
  ① Jangan mengobrol!
  ② Dilarang parkir.
  ③ Tolong cuci ini.
  ④ Tolong potong itu.
  ⑤ Jangan makan!

Pelajaran **12**

## Bacaan [읽기]

**1** Interaksi positif.

**2** Lantai atas digunakan untuk toko-toko pakaian, peralatan sekolah, makanan, alat musik, dan peralatan olarhaga.

## Latihan [연습]

**1**
  ① Saya sedang membersihkan kamar saya.
  ② Dia membelikan saya kopi.
  ③ Bapak Hadi meminjamkan mobil kepada anaknya.

**2**
  ① Saya mau **menduduki** tempat itu.
  ② Dia sudah **memasuki** toilet itu.
  ③ Dia **memukuli** itu.
  ④ Anak laki-laki saya **menciumi** saya.

**3**
  ① Dia **membacakan** anak buku itu.
  ② Saya **memberikan** dia bunga.
  ③ Mereka **mendatangi** rumah saya.
  ④ Saya **memetiki** bunga.

## Berbicara [말하기]

  ① Ya, ibu saya **memberikan** kami nasi goreng.

② Setiap hari saya **membersihkan** kamar.

③ Saya sedang **menidurkan** anak.

④ Saya sakit kaki. Saya mau **menduduki** kursi ini.

## Mendengar [듣기]

**1**

| | |
|---|---|
| Alisa: | Bapak Juwon, **sekarang** berapa umur anak Bapak? |
| Ju Won: | Sekarang umurnya 4 tahun. Bagaimana dengan Ibu Alisa? |
| Alisa: | Kalau anak saya 3 tahun. Mereka **hanya berbeda** 1 tahun, ya. |
| Ju Won: | Ya, betul. Anak saya **masih** tidur dengan kami **setiap malam**. |
| Alisa: | Anak saya juga. Setiap malam saya **menidurkan** anak saya. Dia tidak suka tidur dengan ayahnya. |
| Ju Won: | Memang anak **kecil seperti** itu ya. |

**2** ① Saya **menduduki** kursi.

② Saya **membelikan** dia kopi.

③ Ibu **menidurkan** anak dia.

④ Dia **menciumi** saya.

## Menulis [쓰기]

**1** ① 저는 그것을 사용해본 적이 없습니다.

② 저를 집으로 데려다 줄 수 있습니까?

③ 그들은 그 방법을 사용합니다.

④ 저는 눈썹을 뽑습니다.

⑤ 그는 그 문서에 서명할 예정입니다.

**2** ① Dia meminjamkan uang kepada saya.

② Keluarga saya menyewa rumah di Bandung.

③ Setiap malam istri saya menidurkan anak-anak.

④ Dokter itu mengobati saya.

⑤ Kita harus menghormati orang tua.

**Pelajaran 13**

## Bacaan [읽기]

**1** Candi Borobudur terletak di Jl.Badrawati, Kw.Candi Borobudur, Borobudur, Magelang, Jawa Tengah.

**2** Sekitar 2.500m$^2$

## Latihan [연습]

**1** ① Ada pertanyaan?

② Kesehatan itu sangat penting.

③ Saya mau membeli makanan.

**2** ① Tempat itu adalah salah satu **peninggalan** budaya Islam.

② Ada banyak tamu di resepsi **pernikahan**.

③ Saya **penggemar** penyanyi itu.

④ Mereka lahir pada tahun **1980-an**.

**3** ① Saya suka sayur-sayuran Indonesia.

② Dia adalah pembantu yang bekerja di rumah kami.

③ Mereka sudah tahu kebudayaan Korea.

④ Bagaimana kegiatan baru itu?

## Berbicara [말하기]

① Ada **pertanyaan**?

② Di sini ada banyak **penari**!

③ Apa menu **makanan** hari ini?

④ Ya, saya **penggemar** BTS.

## Mendengar [듣기]

**1**

| | |
|---|---|
| Ju Won: | Ibu Alisa, **baru** dari mana? |
| Alisa: | Saya **baru** dari rumah sakit. Saya **menengok** ibu Yani. |
| Ju Won: | Bagaimana **kesehatan** dia? |
| Alisa: | Dia **kena** tifus. Minggu lalu saya sudah **menelepon** dia. Katanya dia demam dan **menggigil**. |

Ju Won: Aduh, pasti dia sakit **parah**. Dia sudah **dirawat**, ya?

Alisa: Iya, dia dirawat di Rumah Sakit Katolik Saint Yosep.

**2** ❶ **Ketinggian** gunung itu 1.000 meter.
❷ Itu perlu **perbaikan**.
❸ Itu adalah **pembuktian** cinta.
❹ Mereka sudah **dirawat** di rumah sakit.

## Menulis [쓰기]

**1** ❶ 어제 자카르타에서 범죄가 발생하였습니다.
❷ 인도네시아 정부는 새로운 정책을 만들고 있습니다.
❸ 그 회사는 수디르만 거리에 위치해 있습니다.
❹ 그 산업은 발전을 경험하고 있는 중입니다.
❺ 순소득이 얼마입니까?

**2** ❶ Berapa berat badannya?
❷ Anda harus melakukan pemeriksaan badan.
❸ Bagaimana cara penggunaan itu?
❹ Pemerintah Korea dekat dengan pemerintah Indonesia.
❺ Hubungan dua Negara itu baik.

**Pelajaran 14**

## Bacaan [읽기]

**1** Bus besar biasanya digunakan untuk pariwisata.

**2** Ketika hujan turun dan jatuh di atas atap bus, maka akan terdengar suara berisik seperti dentuman drum.

## Latihan [연습]

**1** ❶ Saya tertidur.
❷ Jalan ini terpanjang.
❸ Saya tertipu.

**2** ❶ Maaf, Ibu guru, saya **terlambat**.
❷ Barang itu **terbesar**.

❸ Gedung itu **terletak** di Jakarta Barat.
❹ Data itu masih **tersimpan** di database.

**3** ❶ Dia sering tersenyum.
❷ Pelajar itu tertawa.
❸ Saya tertarik pada gambar itu.
❹ Teman saya sedang tertidur.

## Berbicara [말하기]

❶ Ya, saya membeli laptop **terbaru**.
❷ Kucing itu **tertabrak** oleh mobil!
❸ Maaf, saya **tertidur**.
❹ Alisa **tercantik**!

## Mendengar [듣기]

**1**

Alisa: Bapak Juwon, kelihatannya **capek** hari ini.

Ju Won: Ya. **Akhir-akhir ini** saya ada banyak pekerjaan di kantor, jadi saya kurang tidur. Pagi ini saya **tertidur** di dalam bus.

Alisa: Aduh, **kasihan**. Kenapa begitu sibuk akhir-akhir ini?

Ju Won: Karena sekarang **akhir bulan**, kan? Kalau untuk **perusahaan** kami paling penting itu adalah **hasil penjualan**. Jadi, setiap akhir bulan kami **menilai** hasil bulan ini dan **membuat** rencana untuk bulan depan.

Alisa: Saya **mengerti**. Bapak **bersemangat**, ya!

Ju Won: Terima kasih, Ibu.

**2** ❶ Mereka **tertipu** oleh orang itu.
❷ Barang itu **terbawa** saya.
❸ Dia **tertinggi** di antara teman-temannya.
❹ Waktu itu dia **tercantik**.

## Menulis [쓰기]

**1** ❶ 그 무거운 가방은 그의 아버지가 가져왔습니다.
❷ 저를 포함해서 모두 4명입니다.

❸ 그 집은 이미 팔렸습니다.

❹ 그 언급된 사람은 데니 씨입니다.

❺ 그 이상은 분명히 그에 의해 실현될 것입니다.

**2** ❶ Kemarin orang itu tertidur di bus.

❷ Anak saya tercantik di kelasnya.

❸ Bangsa itu sudah terbagi dua.

❹ Rumah itu terbakar.

❺ Ini jenis terbagus.

Pelajaran **15**

## Bacaan [읽기]

**1** Dari kemiskinan atau perbedaan ekonomi tercipta ketimpangan masyarakat dalam bersosial antara si kaya dan si miskin.

**2** Pemerintah seharusnya lebih peduli tentang permasalahan kemiskinan yang merajalela di Indonesia.

## Latihan [연습]

**1** ❶ Dia teman sekantor saya.

❷ Dia seorang guru.

❸ Setahu saya bapak itu sudah pulang.

**2** ❶ Mereka **sekampung**.

❷ Jakarta memiliki **sebuah** sungai.

❸ **Setibanya** di Korea, saya pergi ke rumah nenek.

❹ Ada forum wanita **sedunia** di Seoul.

**3** ❶ Seharusnya dia bekerja dengan lebih rajin.

❷ Sekarang sekota itu berbahaya.

❸ Saya mau makan segini.

❹ Sepulau itu memiliki 20 buah sekolah.

## Berbicara [말하기]

❶ Ya, silakan ambil **semau** Anda.

❷ Betul. Wanita **sedunia** suka dia!

❸ Saya **sependapat** dengan Anda.

❹ Saya punya **sebuah** mobil.

## Mendengar [듣기]

**1**

| | |
|---|---|
| Alisa: | Bapak Juwon, sudah **menyiapkan rapat** jam 9 pagi? Sekarang sudah jam 8.50. |
| Ju Won: | Ya, saya sudah menyiapkan rapatnya. **Anggota** tim kita juga sudah **berkumpul** di ruang rapat. |
| Alisa: | Di mana bapak Deni? **Setahu** saya dia belum datang. |
| Ju Won: | Betul, saya barusan dapat telepon dari dia. Katanya dia akan sampai jam 9 tepat. **Jalanan** macet sekali. |
| Alisa: | Kalau Jakarta setiap hari macet, kan? **Supaya** tidak terlambat harus cepat **berangkat**. Omong-omong, apa topik rapat pagi ini? |
| Ju Won: | **Tentang** cabang Bandung. **Khususnya** tentang keluhan pelayanan. |

**2** ❶ **Setahu** saya, itu kurang bagus.

❷ **Sebenarnya** dia belum datang.

❸ Itu ditentukan **semau** pemerintah.

❹ Di kafe ada **seorang** wanita.

## Menulis [쓰기]

**1** ❶ 우리가 먼저 가는 것이 더욱 좋을 것입니다.

❷ 사실 그는 거만합니다.

❸ 인도네시아에 도착하자마자, 저는 나시 짭짜이를 먹었습니다.

❹ 당신이 좋아하는 대로 주문하세요.

❺ 그들은 같은 사무실 동료입니다.

**2** ❶ Setahu saya orang itu sangat baik.

❷ Saya sependapat dengan bapak Deni.

❸ Kita teman sekampus.

❹ Silakan makan semau Anda.

❺ Seanggota tim akan menghadiri rapat hari ini.

**출판사, 저자, 강사, 독자가 공존하기 위한 문예림 정책**

**평등한 기회와 공정한 정책으로**

**올바른 출판문화를 이끌도록 하겠습니다.**


**저 자**

**1 도서의 판매부수에 따라 인세를 정산하지 않습니다.**
우리는 도서 판매여부와 관계없이 초판, 증쇄 발행 후 30일 이내 일괄 지급합니다. 보다 좋은 콘텐츠 연구에 집중해주십시오. 판매보고는 반기별로, 중쇄 계획은 인쇄 60일 전 안내합니다.

**2 도서 계약은 매절로 진행하지 않습니다.**
매절계약은 불합리한 계약방식입니다. 이러한 방식은 저자들의 집필 의욕을 저해시키며, 결국에는 생존력 짧은 도서로 전락하고 맙니다.

**3 판매량을 기준으로 절판하지 않습니다.**
판매량에 따라 지속 판매 여부를 결정하지 않으며 전문성, 영속성, 희소성을 기준으로 합니다.


**강 사**

**1 동영상강의 콘텐츠 계약은 매절로 진행하지 않습니다.**
우리는 강사님의 소중한 강의를 일괄 취득하는 행위는 하지 않으며, 반기별 판매보고 후 정산합니다.

**2 유료 동영상강의 인세는 콘텐츠 순 매출액의 20%를 지급합니다.(자사 사이트 기준)**
우리는 가르침의 의미를 소중히 알며, 강사와 공존을 위하여 업계 최고 조건으로 진행합니다.

**3 판매량에 따라 동영상강의 서비스를 중단하지 않습니다.**
판매량에 따라 서비스 제공 여부를 결정하지 않으며 지속가능한 의미가 있다면 유지합니다. 전문성, 영속성, 희소성을 기준으로 합니다.


**독자 및 학습자**

**1 도서는 제작부수에 따라 정가를 정합니다.**
적절한 정가는 저자가 지속적인 연구할 수 있는 기반이 되며, 이를 통해 독자와 학습자에게 전문성 있는 다양한 콘텐츠로 보답할 것입니다.

**2 도서 관련 음원(MP3)은 회원가입 없이 무료제공됩니다.**
원어민 음원은 어학학습에 반드시 필요한 부분으로 아무런 제약 없이 자유롭게 제공합니다. 회원가입을 하시면 보다 많은 서비스와 정보를 얻으실 수 있습니다.

**3 모든 콘텐츠는 책을 기반으로 합니다.**
우리의 모든 콘텐츠는 책에서부터 시작합니다. 필요한 언어를 보다 다양한 콘텐츠로 제공하도록 하겠습니다.

**JANGAN TAKUT GAGAL**
karena yang tidak
pernah gagal hanyalah
orang-orang yang tidak
pernah melangkah.

Buya Hamka

ARCTIC OCEAN

NORTH PACIFIC
OCEAN

NORTH ATLANTIC
OCEAN

SOUTH PACIFIC
OCEAN

SOUTH ATLANT
OCEAN

언어평등은 누구나 평등하고 자유롭게 전 세계 모든 언어를
학습할 수 있도록 여러분과 함께 할 것입니다.

인도네시아어는 오스트로네시아어족에 속하며 말레이어가 근본으로 변화한 언어이다.
1928년 10월 29일 민족통합어로써 '인도네시아어'로 처음 명명했으며, 1945년
헌법에 국어로 명시했다.
말레이어의 한 방언이 공용어로 지정되어 말레이시아어와 아주 유사하며 서로 의사
소통이 가능할 뿐만 아니라 정서법도 공통으로 사용하고 있다. 말레이시아, 브루나이,
싱가포르의 국어 및 공용어인 말레이어와 방언적 차이만을 지닌 동일한 언어이다.
전 세계 약 2억 6천만 명이 인도네시아어를 사용하고, 약 1억 6천만 명이 모국어로
사용하고 있다.